新财经改革研究系列丛书

Research on the Coupling Mechanism of
Government Open Data from a System Perspective

A Case Study of Hubei Province

系统视角下政府开放数据的耦合机制研究

——以湖北省为例

陈玲 著

东北财经大学出版社
Dongbei University of Finance & Economics Press

大连

图书在版编目（CIP）数据

系统视角下政府开放数据的耦合机制研究：以湖北省为例 / 陈玲著. —大连：东北财经大学出版社，2025.7. —（新财经改革研究系列丛书）. —ISBN 978-7-5654-5688-6

Ⅰ. D63-39

中国国家版本馆CIP数据核字第2025EX4144号

系统视角下政府开放数据的耦合机制研究：以湖北省为例

XITONG SHIJIAO XIA ZHENGFU KAIFANG SHUJU DE OUHE JIZHI YANJIU：
YI HUBEI SHENG WEILI

东北财经大学出版社出版发行

大连市黑石礁尖山街217号　邮政编码　116025

网　　　址：http://www.dufep.cn

读者信箱：dufep@dufe.edu.cn

大连金华光彩色印刷有限公司印刷

幅面尺寸：170mm×240mm　字数：191千字　印张：16　插页：1
2025年7月第1版　　　　　　　　　2025年7月第1次印刷
责任编辑：时　博　徐　群　孟　鑫　责任校对：赵　楠
封面设计：张智波　　　　　　　　　版式设计：原　皓
书号：ISBN 978-7-5654-5688-6　　　定价：86.00元

本书获得湖北经济学院学术专著出版基金资助

前 言

　　随着大数据发展上升到国家战略高度，数据作为关键生产要素，其重要性日益与土地、劳动力、资本和技术等传统的生产要素相当。政府开放数据作为数据资源的核心，是促进数据要素市场完善和数字经济发展的关键，是贯彻落实国家治理现代化决策部署的重要抓手，也是我国经济增长方式转变的重要驱动因素。2021年，"十四五"规划提出建立健全国家公共数据资源体系，加强数据开放共享。2022年，《全国一体化政务大数据体系建设指南》中指出，加强数据汇聚融合、共享开放和开发利用。2023年，《数字中国建设整体布局规划》中提出了夯实数据资源体系，畅通数据资源循环。2023年，《党和国家机构改革方案》中提出组建国家数据局。2024年，中共中央办公厅、国务院办公厅印发了《关于加快公共数据资源开发利用的意见》，指出加快公共数据资源开发利用，充分释放公共数据要素潜能，推动高质量发展。由此可见，政府数据作为数字政府的核心建设内容以及数字经济的关键生产要素，需要深入探究其内在的体系性运作机理。

　　政府数据从开放、利用到实现价值是一个系统性的生命周期。其中，政府、数据和利用者一起组成了政府开放数据的生态系统。就整个系统而言，这一生命周期离不开数据开放、用户利用和价值实现的共同作用。据此，本书将政府开放数据视为一个整体的复合系统，包括数据开放、数据利用和数据价值三个子系统。其中，数据开放是数据利用的基础；数据利用是数据价值的实现前提，也是数据开放和数据价值的中介和桥梁。政府掌握和拥有的数据只有在开放的前提下，才能被用户利用。用户只有利用数据，数据资源才能真正实现价值。研究政府开放数据系统及其耦合机制，有助于加快政府数据开放进程、提升政府数据利用程度、实现政府数据价值增值。

本书在对政府开放数据系统进行理论分析的基础上，结合物理学科的耦合协调理论，对政府开放数据系统的耦合机制展开探讨和分析。将政府开放数据系统划分为数据开放子系统、数据利用子系统、数据价值子系统，按照开放耦合机制、利用耦合机制、价值耦合机制和系统耦合机制的逻辑思路逐步进行研究，依次构建政府开放数据的开放耦合函数、利用耦合函数、价值耦合函数和系统耦合函数。本书的主要内容如下：

（1）政府开放数据系统的耦合理论分析。根据政府开放数据系统的耦合内涵、耦合特征和耦合构成，构建数据开放子系统、数据利用子系统和数据价值子系统的理论框架。依据各子系统的内涵、特征和维度，具体分析数据开放耦合框架、数据利用耦合框架和数据价值耦合框架，最终构建了系统视角下的政府开放数据耦合框架，为后续的耦合机制分析提供理论支撑。

（2）政府开放数据系统的开放耦合机制分析。基于数据开放耦合框架，构建数据开放子系统的指标体系，通过开放数据集、开放数据接口、开放数据容量等指标衡量开放数量要素，通过开放部门参与性、开放主题丰富性、开放格式多样性等指标衡量开放质量要素。以开放数量要素和开放质量要素的功效函数、综合评价函数、耦合度函数和协调度函数为基础，构建政府数据的开放耦合函数。在统计分析湖北省各相关平台的政府开放数据的基础上，测度各政府数据开放平台的开放耦合度与开放协调度。

（3）政府开放数据系统的利用耦合机制分析。基于数据利用耦合框架，构建数据利用子系统的指标体系，分别衡量浏览行为要素和下载行为要素。基于浏览行为要素和下载行为要素的功效函数、综合评价函数、耦合度函数和协调度函数，构建政府数据的利用耦合函数。在统计分析湖北省各平台的政府开放数据的基础上，测度各政府数据开放平台的利用耦合度与利用协调度。

（4）政府开放数据系统的价值耦合机制分析。基于数据价值耦合框架，构建数据价值子系统的指标体系，分别衡量调用价值要素和应用价值要素。基于调用价值要素和应用价值要素的功效函数、综合评价函数、耦合度函数和协调度函数，构建政府数据的价值耦合函数。在统计分析湖北省各平台的政府开放数据的基础上，测度各政府数据开放平台的价值耦合度与价值协调度。

（5）政府开放数据系统的耦合机制分析。基于系统的理论框架，构建政府开放数据系统的综合评价函数、耦合度函数和协调度函数。依据政府开放数据系统中各个子系统的贡献度，分析计算数据开放子系统、数据利用子系统、数据价值子系统之间的耦合度和协调度，进而测度湖北省各平台政府开放数据系统的耦合协调机制及其层次聚类特性。

（6）政府开放数据系统耦合优化的对策建议。为优化政府开放数据系统耦合效果、提高开放效率、增强利用动力、释放数据价值，分别从政府、平台、数据和公众四个方面提出对策与建议。在政府方面，要转变开放观念、创新开放模式、加快立法进度；在平台方面，要优化功能模块、推进建设进程、健全运行机制；在数据方面，要统一数据标准、建立数据清单、提升数据质量；在公众方面，要注重引导公众关注、定位用户需求、增强用户互动。

陈　玲

2025 年 2 月

目 录

1

绪论

1.1 研究背景与意义

随着大数据发展上升到国家战略的高度，数据作为关键生产要素，其重要性日益与土地、劳动力、资本和技术等传统生产要素相当。政府开放数据作为促进数据要素市场完善和数字经济发展的关键抓手，是当前我国经济向创新型、知识型、技术型驱动增长方式转变的重大战略举措。政府开放数据作为政府信息资源管理研究领域的重要内容，是政府信息公开在数智时代的延伸和跃进。政府作为公共数据资源的最主要拥有者，随着信息权益意识和大数据应用技术的日益普及，在信息公开的过程中，单纯公开经过处理的信息已经不能完全满足公众保障信息权益的需求，政府和公众之间开始更多地围绕原始数据的使用进行互动和交流，信息公开逐渐向数据开放转变。政府数据的开放不仅是社会大众的诉求，还是政府实现数据价值的重要方式。政府数据，指的是由政府部门或政府管理的实体进行各项活动时所生产或持有的数据资源和信息资源。政府开放数据，指的是由政府部门拥有并进行公开的数据资源，用户可以从特定的门户网站对其进行检索、浏览、下载、调用等，这些数据通常都是结构化的、可机读的。如何在大数据背景下，使政府数据尽可能地向社会公开，利用这些开放数据提高政府透明度和公众的社会参与度、服务经济社会生活、提高人民福祉，成为各国发展与转型的战略问题。

2020年，中央第一份关于要素市场化配置的文件《关于构建更加完善的要素市场化配置体制机制的意见》发布，"数据"成为新的生产要素，与劳动力、资本、技术、土地一起构成了新的经济范式，全球从工业经济时代迈入数字经济时代。2021年，《"十四五"国家信息化规划》中提出建立高效利用的数据要素资源体系，充分发挥数据的基础资源作用，有序推进我国数据资源开发利用以及数据要素价值释放迈上新台阶，为数字中国、智慧社会建设奠定坚实基础。2022年，《全国一体化政务大数据体系建设指南》中进一步指出政务数据在调节经济运行等方面发挥着重要作用，要整合构建全国一体化政务大数据体系，加强数据汇聚融合、共享开放和开发利用。2023年，《数字中国建设整体布局规划》中强调要夯实数据资源体系，畅通数据资源大循环。2023年《党和国家机构改革方案》中提出要组建国家数据局，统筹数据资源整合共享和开发利用，统筹推进数字中国、数字经济、数字社会规划和建设等。2024年，《数字经济促进共同富裕实施方案》中指出要将数字经济促进共同富裕作为政策规划重点方向，统筹资金、数据、人才、项目等各类要素资源。由此可见，在全国一体化背景下把握政府开放数据系统耦合协调机制，有助于推动我国政府数据开放进程、实现数据价值赋能提升、促进数据产业和数字经济发展。

1.1.1 研究背景

为了顺应数字化时代的发展，政府部门的政务公开由信息公开向数据开放逐步转变。数据资源在人类社会生产生活中的重要意义日益凸显，政府对数据开放的重要性认识也在不断深化。

（1）国际上普遍关注"开放政府数据"运动

"开放政府数据（Open Government Data）"运动起源于美国，且发展迅速，受到了各国政府的高度重视。就目前在全球范围内开放政府数据的主体而言，既包括发达国家，如美国、英国等，又包括发展中国家，如巴西、中国、印度等。另外，还涉及一些国际组织，如欧盟、经合组织、联合国等。国外政府开放数据的发展进程，可分为三个阶段：

第一阶段（1983—2008 年），强调开放行为。数据开放最先源于美国政府的民间运动，后来得到了国家立法支持，并在英、美等国家的积极推动之下逐渐形成了政府治理与改革的国际态势。早在 1983 年，美国就展开了"软件开源运动"，随着运动的发展和深化，"开放政府（Open Government）"和"开放政治（Open Politics）"等口号和主张逐渐兴起。社会力量的推动，使美国加快了有关开放数据的立法进程。随后，为了开放政府公共支出数据，奥巴马联合科伯恩提出由联邦政府建立一个完整的、专业的数据公开网站。在各界的共同作用下，这场"开放政府数据"运动持续进行，并不断发展。

第二阶段（2009—2013 年），强调政府主导。2009 年，美国联邦政府签署了《开放政府指令》，数据开放平台 Data.gov 随之上线，拉开政府机构共享数据的热潮，真正由政府主导的数据开放运动由此展开。2010 年，首届国际开放政府数据会议在美国召开[①]，英国建立了数据开放门户 Data.gov.uk。随后，G8 国家一起建立了"开放政府合作伙伴"关系，并于 2011 年签订了《开放政府宣言》。2012 年，日本 IT 战略本部发布了《电子政务开放数据战略草案》，迈出了开放政府数据的关键一步。2013 年，美国、英国、加拿大、新西兰等 G8 国家签订了《G8 开放数据宪章》，逐步向公众进一步开放政府数据。

第三阶段（2014 年至今），强调数据价值。2014 年，全球 63 个国家出台了开放政府数据行动计划，政府数据开放成为各国挖掘信息经济潜力、建设民主参与型社会的必然趋势。同年，世界经济合作组织（简称世界经合组织）开发了包含不同权重指标体系的开放政府数据指数（OGD 指数），将其作为监督和评估各成员方政府数据开放程度

---

① 杨东谋，罗晋，王慧茹，等. 国际政府数据开放实施现况初探 [J]. 电子政务，2013（6）：16-25.

的一种手段①。政府关联数据工作组推出的数据目录词汇表（Data Catalog Vocabulary，DCAT），为政府开放数据的元数据提供了重要标准②。2015年，英国政府为了提高政治、经济和社会效益，发布了《2015公共部门信息再利用条例》③。2016年，"开放政府合作伙伴"的成员方相继推出"国家行动计划"，从法律、技术和应用等方面推动了政府数据开放。2018年，英国出台了《数据保护影响评估指南》，明确规定了数据保护的权利和责任④。2018年，美国国会通过了《开放的、公开的、电子的及必要的政府数据法案》，首次对开放的政府数据资产作出界定⑤。2019年，澳大利亚设立了国家数据专员办公室，以保证数据共享和发布框架中有一个强大的隐私安全基础⑥。2020年，联邦数据战略小组发布了《联邦数据战略2020年行动计划》，描述了联邦政府对于数据战略的愿景，包括使用数据来支持民主、执行任务、服务公众和管理资源。这一系列制度与法律的出台，为数据价值实现提供了技术支持和法律依据。

（2）我国对政府开放数据表现出高度重视

全球范围内政府开放数据表现出的国际化与合作化的特点，促使我国不断探索在国内实行政府数据开放的可行性。其中，上海市政府率先推行了数据开放，积累了丰富的经验，获得了一定的效果，形成了可推广的模式。然而，相较于国外，我国的政府数据开放起步相对较晚，前期发展较慢，开放水平和开放质量仍在不断完善和提高。就

　　① 夏义堃. 国际组织开放政府数据评估方法的比较与分析［J］. 图书情报工作，2015，59（19）：75-83.
　　② 黄如花，刘龙. 英国政府数据开放中的个人隐私保护研究［J］. 图书馆建设，2016（12）：47-52.
　　③ 于梦月，翟军，林岩. 我国地方政府开放数据的核心元数据研究［J］. 情报杂志，2016，35（12）：98-104.
　　④ 李重照，黄璜. 英国政府数据治理的政策与治理结构［J］. 电子政务，2019（1）：20-31.
　　⑤ 王晶. 美国政府数据开放政策最新进展及启示［J］. 信息通信技术与政策，2019（9）：35-38.
　　⑥ 刘芮，谭必勇. 数据驱动智慧服务：澳大利亚政府数据治理体系及其对我国的启示［J］. 电子政务，2019（10）：68-80.

国内政府开放数据的进程而言，可分为三个阶段：

第一阶段（2007—2011年），政府开放数据的初步萌芽。政府信息公开作为政府数据开放的基础，在我国的起步相对较晚。追溯至2007年，国务院颁布实施了《中华人民共和国政府信息公开条例》，以提高政府工作透明度、加大政府信息公开力度。在国家信息化政策的带动下，以信息公开条例为范本，国务院各部门发布了办法、意见、通知等文件，要求政府机关各部门准确、及时地公布政府部门信息。从此，我国在政府信息的公开方面有了明确的法律支持，政府数据开放的内容范围有了初步依据。

第二阶段（2012—2014年），政府开放数据的试点推进。2012年，上海市政府数据开放服务网站试运行，成为了中国成立最早的政府数据门户网站，标志着我国政府数据开放试点工作正式启动。随后，北京市政府打造了北京政务数据服务网络测试版。2014年，上海市政府数据门户网站正式运行，浙江省政府数据门户网站、无锡市政府数据门户网站等也陆续开通。2014年10月，"云上贵州"平台正式上线，汇集了贵州省交通运输、旅游服务、工业生产等七个不同领域的政府数据，鼓励公司利用数据资源开展商业创新活动。

第三阶段（2015年至今），政府开放数据的迅速发展。在对试点平台进行考察的基础上，全国各地其他政府也相继开始建设本地的政府数据开放平台。2015年，湖北省武汉市、山东省青岛市和重庆市等地区的政府数据门户网站开始运行。随着实践的积累与研究的深入，国务院办公厅在《促进大数据发展行动纲要》中明确表示，为形成统一的数据开放管理体系，要建成国家政府数据统一开放平台。此后，广东省广州市、广东省深圳市、黑龙江省哈尔滨市等地区的政府数据开放平台陆续上线[①]。2018年，为了实现数据资源的社会化利用，中央网信办、国家发展改革委、工业和信息化部联合印发了《公共信息资源开放试点工作方案》[②]。截至2020年，我国已上线的政府数据开放平台共计130个，政府数据开放进程发展迅速。

（3）政府开放进程、用户利用现状与数据价值赋能之间的困境

我国政府开放数据起步相对较晚，尽管开放进程已经加快，开放程度逐渐加深，但是对比发达国家，仍然具有一定的差距和不足，尤其是我国的政府数据开放进程、用户利用现状和数据价值实现之间存在不平衡、不匹配的困境。政府开放数据之间的系统性特征尚不明显，具体表现在：一是政府部门开放意识不足，数据没有得到充分开放；二是公众对政府数据不甚了解，对数据利用和推动作用并不显著；三是数据的潜在价值尚未被普遍和高度重视，有待深入挖掘和开发。

当前我国的政府数据开放工作还停留在信息发布层面，并未实现政府数据开放的良好转变。首先，政府部门掌握着大多数信息和数据资源，信息公开是为了维护公众的知情权，数据开放是通过构建开放共享、社会参与的格局，利用创新助力数字经济发展，因此政府数据开放更加强调数据开放与用户利用。其次，数据只有被有效利用时，才能达到开放的目的。然而，我国大多数政府数据开放平台目前处于建设完善阶段，更多地关注于开放数据的标准与全面性，并未对用户的利用情况进行深入了解与分析，数据增值效果并不明显。

我国在门户网站和政策法规等方面还没有统一的、国家级的政府开放数据载体。首先，我国没有形成战略层面的政府开放数据立法标

① 赵宇慈. 政府数据开放中的隐私保护研究 [D]. 石家庄：石家庄铁道大学，2020.
② 李欣. 无锡市政府数据开放碎片化问题及其对策研究 [D]. 徐州：中国矿业大学，2020.

准，也没有制定全国性的政府开放数据政策。关于数据的开放性问题本来就比较复杂，如果没有一个规范的国家立法对开放的内容、形式和相关问题进行规范，或者缺乏统一的标准，那么整个数据开放进程将会大打折扣。其次，我国尚未建立全国统一的政府数据门户网站，也没有国家级的数据开放平台。数据开放网站的缺失，使得公众无法方便、可靠地获取政府数据，也不利于公众与政府的互动，极大地降低了我国政府数据的整合、开放、融合、利用等环节的效率。

政府开放数据的整体性、系统性特征并不明显，预期价值未被高度重视。首先，我国各地政府数据开放的发展并不均衡，区域性较明显，系统性和整体性较弱。广州、上海、北京等发展条件比较充分的地区，不仅出台了有关政府数据开放共享的规定，还设立了政府数据平台。其次，数据资源可以创造巨大的公共价值，促进经济增长和社会发展，但目前并未引起各地政府的高度重视，政府数据开放没有得到充分的推广。虽然公众享受了政府数据开放过程中的便利，但对政府数据本身不了解，因此对政府数据开放的推动作用并不显著。

政府数据的开放和利用之间的协调度，能够保障数据价值的有效实现，有助于促进数据价值赋能、促进经济发展和社会进步，从而提升国家的整体竞争力。据此，本书将政府开放数据视为一个协同的、整体的系统，对政府开放数据耦合系统的开放机制、利用机制和价值机制展开理论探讨和实证分析，这是破解政府数据开放需求与现实困境难题的必经之路。

1.1.2　研究意义

政府开放数据不仅有着深远的政治影响，还有着巨大的经济价值和社会效益。本书创新了政府开放数据的系统理论，在此基础上分析该系统的开放耦合机制、利用耦合机制和价值耦合机制，为我国政府数据的开放进程提供对策和建议。

（1）理论研究意义

第一，梳理政府开放数据的研究现状、相关概念和理论基础，延展信息资源管理领域的理论体系。①通过时间演化分析、载文期刊分析、核心作者分析、高产机构分析、主题热点分析和研究前沿分析，深入探讨政府开放数据研究领域的发展演化历程、研究现状和特点。②通过厘清政府数据与政府开放数据、政府数据开放与政府信息公开等相关概念，进一步揭示政府开放数据的内涵与外延。③通过结合系统科学理论、协同治理理论、数据生命周期理论和系统耦合理论，梳理各个理论的演化发展、核心内容及其在本书的适用性，明确政府开放数据系统的定义，界定政府开放数据耦合系统的理论范畴。

第二，创新政府开放数据的系统理论，丰富政府开放数据领域的研究内容和理论体系。①通过梳理政府开放数据系统的耦合内涵与特征，将子系统划分为数据开放子系统、数据利用子系统和数据价值子系统。②探讨数据开放子系统的开放内涵与特征，通过核心要素分析，划分数据开放耦合维度，明确数据开放子系统的内部要素。③探讨数据利用子系统的利用内涵与特征，通过核心要素分析，划分数据利用耦合维度，明确数据利用子系统的内部要素。④探讨数据价值子系统的价值内涵与特征，通过核心要素分析，划分数据价值耦合维度，明确数据价值子系统的内部要素。

第三，借鉴物理学科的耦合模型，扩展政府开放数据领域的方法体系。①借鉴物理学科中的耦合概念模型，基于子系统内部的要素维度和要素内部的指标测度，分别构建了数据开放子系统、数据利用子系统和数据价值子系统的耦合度模型和协调度模型。②借鉴物理学科的耦合函数，基于子系统内部各个要素的功效函数和综合评价函数，分别构建了数据开放子系统、数据利用子系统、数据价值子系统的耦合度函数和协调度函数。③借鉴物理学科的耦合概念模型和耦合函数，基于湖北省政府数据开放平台的建设现状，衡量数据开放子系统、数据利用子系统和数据价值子系统的实际耦合度，测评政府开放数据系统的实际协调度。

（2）实践应用价值

第一，政府开放数据有助于传统行政模式的转变，提高政府治理能力。政府部门公开数据改变了政府传统的、封闭的管理模式，体现了政府职能在新常态下的转变。①政府数据是一种公共资源，政府公开数据可以使政府运作更加公开、透明。②政府数据的开放，有助于打破信息壁垒，促进部门与机构之间的合作，推进数字政府的建设，使政府管理更加合理、高效。③通过开放的政府数据，可以在政府各部门的决策中直接、准确地利用大量数据，提供科学的数据支撑，使政府决策更加公开、民主。

第二，政府开放数据有利于经济发展方式的转变，激发市场活力。政府数据已成为经济发展的新能源，是提高竞争力、促进创新、创造就业、实现经济增长和社会进步的重要资源。①在开放数据的情况下，有助于促进资源的有效配置。②数据使用会引发产业模式的转变，推动生产技术转型升级，促进新一轮生产力的发展。③政府通过开放数据，使数据开发者将政府数据与社会数据整合，有助于开发出新的数据产品和服务，推动数字经济发展。

第三，政府开放数据有助于社会生活方式转变，提高公众生活质量。政府开放数据的意义更在于其产生的社会价值。①在公共生活领域，随着与公众生活密切相关的人口统计、电量使用、住房出租等数据逐步公开，极大地方便了居民的日常生活。②在交通领域，数据开放为地铁、公交等公共交通工具的高低峰调配提供了依据，给人们的日常出行带来方便。③在卫生医疗领域，借助数据资源有助于提高民众的健康和福利，降低死亡率。

1.2　国内外研究现状

政府开放数据已成为政府治理和政府信息资源管理领域研究的重要内容。本书对国内外研究现状进行概述和可视化分析，剖析现有研究的前沿动态与不足之处，挖掘二者之间的内在契合点。在数据检索方面，本书将检索主题词设定为"政府数据开放"和"open government data*"，分别检索得到中文文献2 235篇和外文文献3 197篇。在数据清洗与处理方面，基于"篇名""摘要""关键词"等的相关度，对检索文献进行筛选①，最终得到有效的中文文献1 462篇、外文文献2 813篇。

1.2.1　政府开放数据的研究概述

（1）政府开放数据研究的载文期刊分析

分析载文量较高的期刊类型可以得出各类型期刊对政府开放数据的不同研究角度②。国内外政府开放数据研究领域的核心载文期刊分布，见表1-1。由表1-1可知，国内政府开放数据载文量较多的期刊主要有电子政务、图书情报工作、情报理论与实践、情报科学等；国外载文量较多的期刊主要有 *Government Information Quarterly*、*Journal of Cleaner Production* 等。通过进一步分析可知，国内载文期刊的研究领域较为集中，主要聚焦在图、情、档等领域，学科背景较为单一，

---

① 段尧清，陈玲，徐玲. 中外政府开放数据领域的研究热点与前沿分析 [J]. 情报科学，2017，35（11）：89-93.
② 王知津，李巧英，李圆方，等. 国外开放数据研究进展 [J]. 情报科学，2020，38（11）：162-170.

且某些领域之间存在交叉现象。国外载文期刊的研究领域主要为信息技术和信息系统、计算机科学、医学、环境科学等领域，不同领域的期刊对政府开放数据研究的角度各有侧重，体现了研究的跨学科性、跨领域性。

表1-1　　　国内外政府开放数据研究领域的核心载文期刊分布

国内核心期刊	国外核心期刊
电子政务	*Government Information Quarterly*
图书情报工作	*Plos One*
情报杂志	*Journal of Cleaner Production*
情报理论与实践	*Bmc Public Health*
现代情报	*Transforming Government People Process and Policy*
情报资料工作	*International Journal of Environmental Research And Public Health*
计算机与网络	*IEEE Access*
图书与情报	*Lancet Global Health*
中国行政管理	*Data in Brief*
图书馆	*Land Use Policy*
情报科学	*Information Polity*
图书馆学研究	*International Review of Administrative Sciences*
图书情报知识	*Baltic Journal of Economic Studies*
信息系统工程	*Bmj Open*

（2）政府开放数据研究的核心作者分析

对政府开放数据研究领域的核心作者进行共现分析，绘制作者合作图谱，如图1-1和图1-2所示。由图1-1和图1-2可知，国内政府开放数据领域的核心作者有黄如花、马海群、段尧清、翟军、夏义堃、陈美等。国外政府开放数据领域的核心作者有S. SAXENA，M. JANSSEN，J M. FOURIE，O. SCARLATESCU，W. SCHOLTZ等。

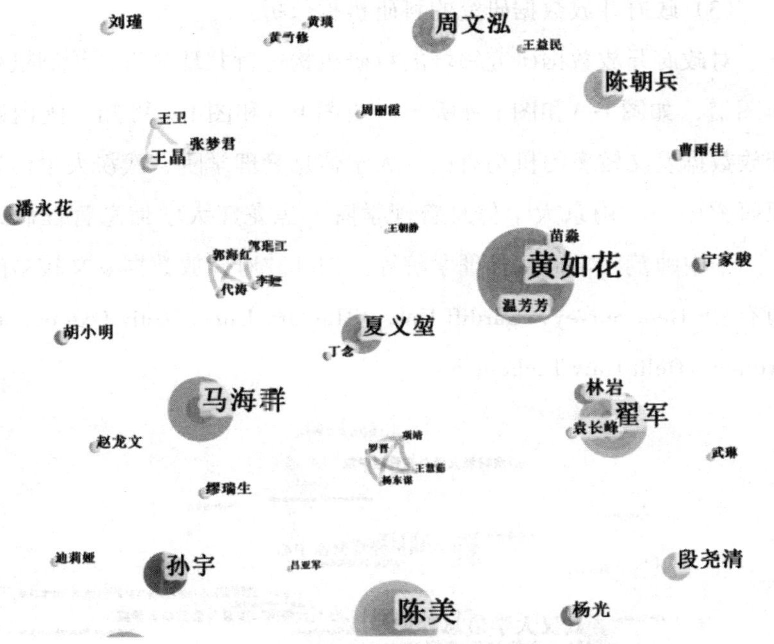

图 1-1　国内政府开放数据研究领域的作者共现图谱

图 1-2　国外政府开放数据研究领域的作者共现图谱

（3）政府开放数据研究的科研机构分析

对政府开放数据研究领域的科研机构进行共现分析，绘制机构合作图谱，如图1-3和图1-4所示。由图1-3和图1-4可知，国内政府开放数据发文较多的机构有武汉大学信息管理学院、武汉大学信息资源研究中心、南京大学信息管理学院、黑龙江大学信息管理研究中心、华中师范大学信息管理学院等。国外政府开放数据发文较多的机构有 US Geol Survey，Cardiff Univ，Harvard Univ，Univ Oxford，Univ Sydney，Delft Univ Technol 等。

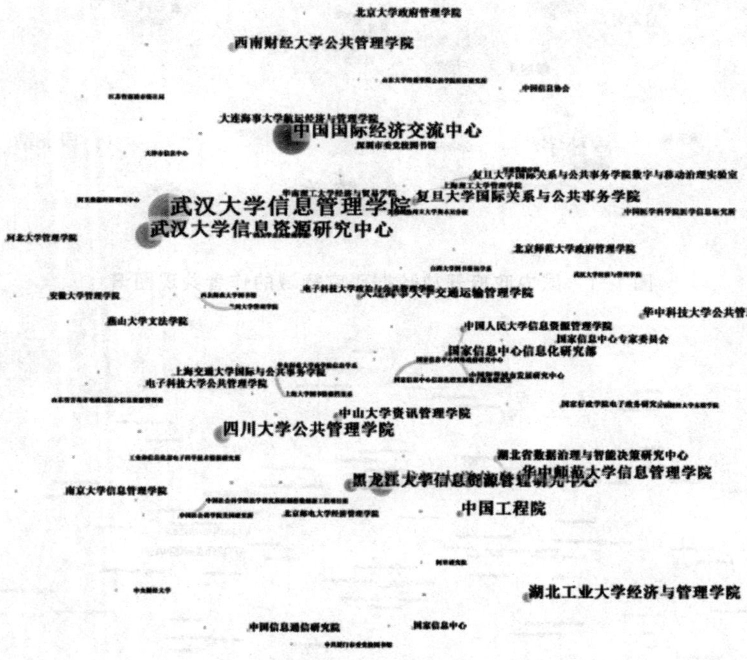

图1-3　国内政府开放数据研究领域的机构共现图谱

（4）政府开放数据研究的热点聚类分析

关键词作为文献核心研究内容的结晶，对高频关键词进行聚类分析，能够识别出政府开放数据领域的研究热点，如图1-5和图1-6所示。

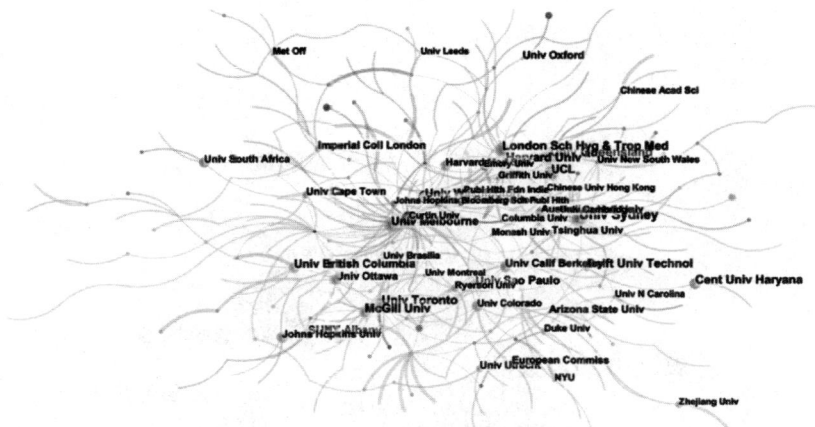

图1-4　国外政府开放数据研究领域的机构共现图谱

由图1-5可知，国内政府开放数据研究领域的聚类节点有#0元数据、#1隐私保护、#2影响因素、#3开放共享、#4开放政策、#5开放政府数据、#6个人隐私保护、#7大数据、#8数据开放政策、#9上海市政府。通过进一步分析，发现国内研究热点分为：①数据安全、数据共享等数据管理方面的研究；②开放政府、开放门户等数据开放方面的研究；③智慧城市、公共服务等数据服务及应用方面的研究。由图1-6可知，国外政府开放数据研究领域的聚类节点有#0 transparency、#1 open government data、#2 bahrain、#3 ecosystem、#4 open government、#5 system design、#6 big data、#7 information、#8 companies、#9 linked open government data。通过进一步分析，发现国外研究热点分为：①关联数据、数据挖掘等，即研究数据管理的相关问题；②开放模式、开放系统等，即研究开放的相关问题；③城市化、气候变化、公共卫生等，即研究相关的政府服务与具体应用。据此推导，政府开放数据领域的研究结构可分为三个较大的聚类：侧重于政府数据管理的研究、侧重于数据开放的研究和侧重于数据服务的研究。

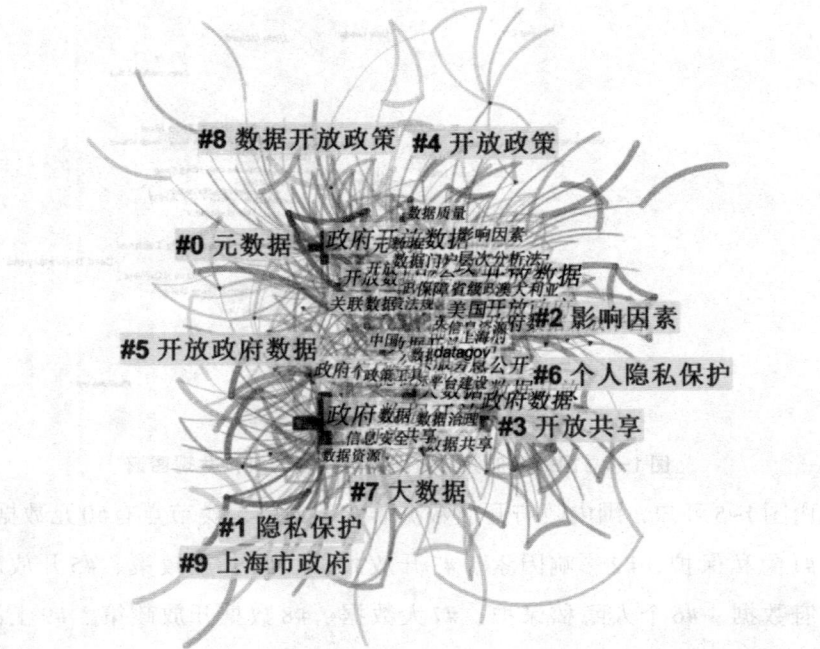

#8 数据开放政策　#4 开放政策

数据质量
#0 元数据　政府元流数据影响因素
数据门户层次分析法
开放数据
社保障省级政府澳大利亚
关联数据法规
美国开放
及信息政府#2 影响因素
中国数据门户上海门
方datagov
#5 开放政府数据　政府总公开
政府个政策工具大数据设计影响#6 个人隐私保护
政府数据
政府数据　数据治理#3 开放共享
信息安全共享
数据资源数据共享

#7 大数据

#1 隐私保护
#9 上海市政府

图 1-5　国内政府开放数据研究领域的关键词聚类图谱

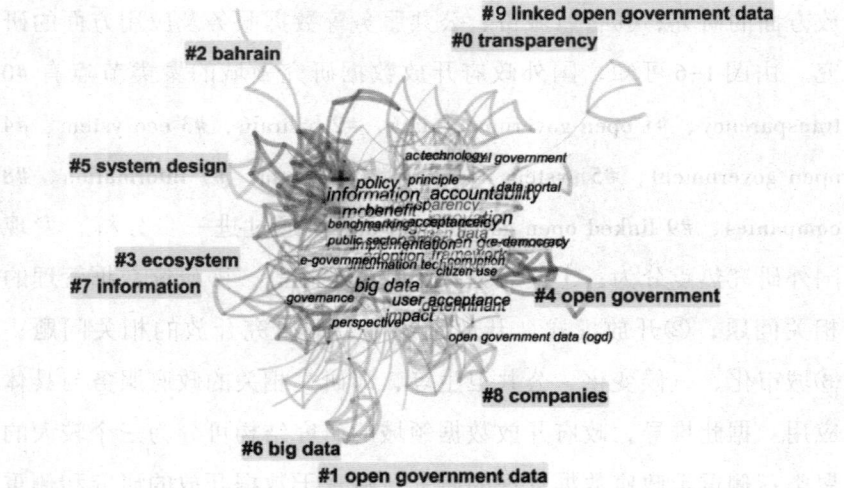

#9 linked open government data
#0 transparency
#2 bahrain

#5 system design
ac technology government
policy principle data portal
information accountability
m benefit parency
benchmarking acceptance city
public n data
#3 ecosystem public sentation ire-democracy
#7 information e-governmentioniform mun
information tec citizen use
big data
govenance user acceptance impact#4 open government
perspective impact
open government data (ogd)

#8 companies

#6 big data
#1 open government data

图 1-6　国外政府开放数据研究领域的关键词聚类图谱

（5）政府开放数据研究的前沿趋势分析

关键词是文献核心研究内容的结晶，对关键词的词频变化率和变化趋势进行突现分析，能够识别出政府开放数据领域的研究前沿和未来趋势，如图1-7和图1-8所示。由图1-7和图1-8可知，国内政府开放数据研究的演进路径为：①理论引入阶段，将政府开放数据理念引进国内并进行更深层次的研究探讨；②本土化结合阶段，通过参考国外相关研究，逐步建立起更加符合中国国情的政府开放数据研究体系；③实践探索阶段，将相关研究重心转向实践研究并推陈出新、逐渐深入[1]。国外政府开放数据研究的演进路径为：①理论创新阶段，学者开始将开放数据理念引进政府领域并进行理论创新；②实践探索阶段，研究重心已转向实践研究并逐渐深入；③个性化应用阶段，conflict、covid-19等关键词突现，相关研究聚焦于利用政府开放数据进行突发事件应急管理等方面。

图1-7　国内政府开放数据研究领域的关键词突现图谱

---

[1]　赵蓉英，亓永康，王旭. 我国开放数据研究态势分析［J］. 情报科学，2019，37（2）：154-160.

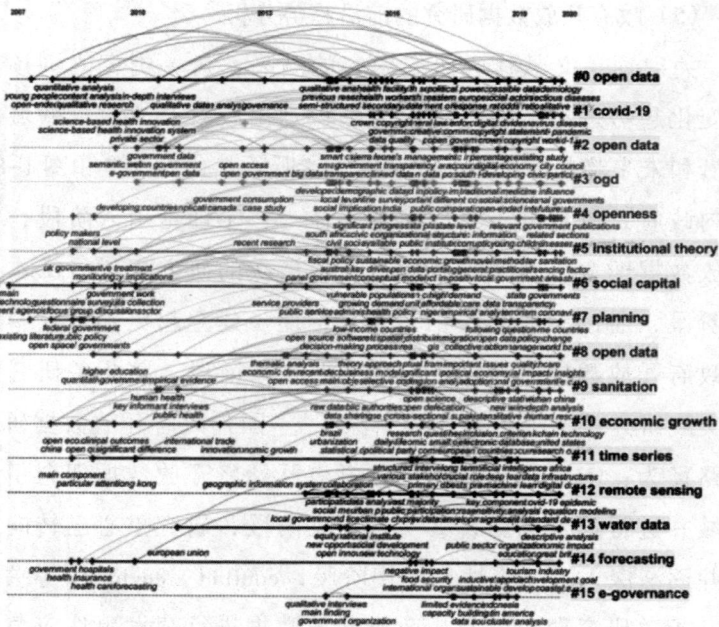

图 1-8　国外政府开放数据研究领域的关键词突现图谱

1.2.2　政府开放数据的理论研究

（1）政府开放数据的概念内涵研究

国内相关研究，一是侧重于辨析信息与数据、信息公开与数据开放、政府数据与公共数据等基础概念之间的区别与联系[①]；二是侧重于厘清政府数据开放、政府数据共享、政府数据利用等政府开放数据的基本含义[②]；三是侧重于从开放层面、开放目的、开放过程[③]、开放对象、保障权利[④]、开放内容、开放方式、开放范围等方面，界定

---

　　① 季统凯，刘甜甜，伍小强. 政府数据开放：概念辨析、价值与现状分析［J］. 北京工业大学学报，2017，43（3）：327-334.
　　② 郑磊. 开放不等于公开、共享和交易：政府数据开放与相近概念的界定与辨析［J］. 南京社会科学，2018（9）：83-91.
　　③ 郑磊. 开放政府数据研究：概念辨析、关键因素及其互动关系［J］. 中国行政管理，2015（11）：13-18.
　　④ 胡海波，高鹏. 面向用户服务的政府开放数据：一个概念性阐释框架［J］. 情报理论与实践，2018，41（6）：45-51.

政府开放数据。

国外相关研究，一是侧重于从案例分析的经验与教训中，界定政府开放数据的概念[①]；二是侧重于通过实证研究，梳理政府开放数据的内涵[②]。

（2）政府开放数据的原则标准研究

国内相关研究，一是侧重于解读、比较、分析国际组织和西方国家关于政府数据的开放原则和标准方案，为我国政府数据的开放原则和标准提供借鉴意义[③]；二是侧重于评估我国和各国的政府开放数据的应用实践现状，总结经验与教训，以此指导我国政府数据开放[④]；三是采用实例分析的方法，基于不同领域、不同视角、不同行业，梳理政府开放数据的具体数据标准和体系构成，为规范我国政府开放数据的元数据标准提供理论指导[⑤]。

国外相关研究，一是侧重于细化政府开放数据在具体领域的原则与标准，如政府风险[⑥]、网络安全[⑦]、数据保护[⑧]等领域；二是侧重于政府开放数据原则与标准的实践应用，总结其经验与教训[⑨]；三是侧重于辨析政府开放数据与其他领域数据在原则等方面的异同之处，取

[①] QUINTANILLA G, GIL-GARCIA J R .Open government and linked data: concepts, experiences and lessons based on the mexican case [J]. Revista del CLAD Reforma Y Democracia, 2016, 65: 69-102.

[②] MOLES N.Open government data（OGD）: challenging the concept of a "Designated Community" [J]. Records Management Journal, 2020, 31（1）: 18-33.

[③] 胡吉明，温芳芳，黄如花，等. 中国政府数据开放研究的主题关联结构与演化态势 [J]. 情报资料工作，2019，40（4）: 56-68.

[④] 李红芹，翟军，邹书怡. 开放数据背景下美国政府支出数据标准的启示 [J]. 图书馆，2019（8）: 29-38.

[⑤] 司莉，赵洁. 美国开放政府数据元数据标准及启示 [J]. 图书情报工作，2018，62（3）: 86-93.

[⑥] AVEN T, RENN O .Improving government policy on risk: eight key principles [J]. Reliability Engineering and System Safety. 2018, 176: 230-241.

[⑦] SRINIVAS J, DAS A K, KUMAR N. Government regulations in cyber security: framework, standards and recommendations [J]. Future Generation Computer Systems, 2019, 92: 178-188.

[⑧] PARK S, AKATYEV N, JANG Y, et al. A comparative study on data protection legislations and government standards to implement Digital Forensic Readiness as mandatory requirement [J]. Digital Investigation, 2018, 24: S93-S100.

[⑨] ROTONDO E .UK government's open standards consultation - a step in the wrong direction? [J]. Computer Law and Security Review the International Journal of Technology and Practice, 2012, 28（4）: 453-457.

长补短，以便更好地促进政府数据开放[①]；四是基于语义政府词汇表[②]、层次分析法[③]等工具，改进和规范政府开放数据的元数据标准[④]。

（3）政府开放数据的理论特征研究

国内相关研究，一是从不同视角出发，分析政府开放数据的具体特征，包括以海量数据为基础的多领域数据开放、以数据多样性为优势的大范围数据互通；二是基于国际评估体系，结合我国实际，分析我国政府开放数据的指标关联性、区域不平衡性、指标不均衡性等特征[⑤]。

国外相关研究，侧重于结合时代背景，从各国政府开放数据的案例分析中，提取政府开放数据的理论特征。

（4）政府开放数据的预期价值研究

国内相关研究，一是从政府、公众、平台等不同视角出发，归纳和梳理政府开放数据的理论价值[⑥]，包括政治、经济和社会价值；二是从经济和技术等不同层面[⑦]，构建政府开放数据的价值理论框架[⑧]，描述政府开放数据的价值机制[⑨]；三是在价值框架和价值机制的基础

---

① GEERTEN V D K，MARIJNJ，JAFARR.Standards battles for business-to-government data exchange： identifying success factors for standard dominance using the best worst method [J]. Technological Forecasting and Social Change，2018，137：182-189.
② KŘEMEN P，NEČASKÝ M .Improving discoverability of open government data with rich metadata descriptions using semantic government vocabulary ［J］. Journal of Web Semantics，2019，55：1-20.
③ KUBLER S，ROBERT J，NEUMAIER S，et al.Comparison of metadata quality in open data portals using the analytic hierarchy process ［J］. Government Information Quarterly，2018，35（1）：13-29.
④ PONS X，MASÓET J.A comprehensive open package format for preservation and distribution of geospatial data and metadata ［J］. Computers and Geosciences，2016，97：89-97.
⑤ 张晓娟，孙成，向锦鹏，等. 基于国际评估体系的政府数据开放指标特征与模式分析［J］. 图书与情报，2017（2）：28-40.
⑥ 付熙雯，郑磊. 开放政府数据的价值：研究进展与展望［J］. 图书情报工作，2020，64（9）：122-132.
⑦ 黄如花，何乃东，李白杨. 我国开放政府数据的价值体系构建［J］. 图书情报工作，2017，61（20）：6-11.
⑧ 周志纲. 基于DIKW模型的政府数据开放价值创造优化研究［J］. 图书情报导刊，2020，5（4）：34-39.
⑨ 王卫，王晶，张梦君. 开放政府数据价值实现理论框架及实证研究［J］. 图书馆，2019（9）：40-45；74.

上，从数据、政策与市场等不同方面①，探讨影响开放政府数据价值实现的因素②，分析政府开放数据价值提升的路径③。

国外相关研究，一是基于案例分析，探讨政府开放数据的预期价值，尤其是政府数据在经济价值创造方面④；二是基于政府开放数据系统的改进，探讨政府开放数据的价值生成机制和方法论⑤；三是侧重于实证检验，测量政府数据在开放过程中所产生的实际价值，如政府数据在商业领域的创新价值和经济价值⑥，政府数据在政务领域的公共价值⑦，政府数据在民生领域的社会价值。

（5）政府开放数据的模型框架研究

国内相关研究，侧重于政府开放数据的理论模型构建，包括政府开放数据的生态系统模型⑧、生命周期模型⑨、成熟度模型⑩、安全风险评估模型、质量评价模型⑪、平台传播模型⑫、博弈模型、立场模型⑬、数据开放政策模型、用户需求预测模型、数据溯源模型、开放

① 段尧清，何俊雨，尚婷．政府开放数据赋能与价值提升路径研究［J］．知识管理论坛，2020，5（4）：246-255．
② 王卫，王晶，张梦君．生态系统视角下开放政府数据价值实现影响因素分析［J］．图书馆理论与实践，2020（1）：1-7．
③ 司林波，刘畅，孟卫东．政府数据开放的价值及面临的问题与路径选择［J］．图书馆学研究，2017（14）：79-84．
④ ZELETI A F，OJO A，CURRY E．Exploring the economic value of open government data［J］．Government Information Quarterly，2016，33（3）：535-551．
⑤ ZUIDERWIJK A，JANSSEN M，POULIS K，et al.The wicked problem of commercial value creation in open data ecosystems：policy guidelines for governments［J］．Information Polity，2016，21（3）：223-236．
⑥ MAGALHAES G，ROSEIRA C．Open government data and the private sector：an empirical view on business models and value creation［J］．Government Information Quarterly，2020，37（3）：248-252．
⑦ CHAN C M．From open data to open innovation strategies：creating e-services using open government data［C］// System Sciences（HICSS）．2013 46th Hawaii International Conference on System Sciences.Wailea，HI，USA IEEE，2013．
⑧ 赵需要，侯晓丽，徐堂杰，等．政府开放数据生态链：概念、本质与类型［J］．情报理论与实践，2019，42（6）：22-28．
⑨ 段尧清，姜慧，汤弘昊．政府开放数据全生命周期：概念、模型与结构——系统论视角［J］．情报理论与实践，2019，42（5）：35-40；50．
⑩ 袁莉．政府开放数据评估的成熟度模型及其对我国的启示［J］．情报资料工作，2018（3）：64-68．
⑪ 莫祖英，邝苗苗．基于用户视角的政府开放数据质量评价模型及实证研究［J］．大学图书情报学刊，2020，38（4）：84-89．
⑫ 朱晓峰，杨建豪，蒋勋．融入改进SIR模型的政府数据开放平台传播——共生演化模型构建与仿真［J］．现代情报，2020，40（10）：122-131．
⑬ 陈朝兵，郝文强．我国政府数据开放的力场模型与路径选择研究［J］．图书情报知识，2020（6）：128-135．

共享模型[①]、用户初始采纳模型[②]、应用分析模型[③]等。

国外相关研究，侧重于政府开放数据模型的实践应用研究，包括成熟度模型[④]在不同领域的应用[⑤]。例如，数据评估[⑥]、网站评估、服务评估[⑦]等相关评价模型、利用模型的应用。

1.2.3 政府开放数据的实践研究

（1）开放平台构建研究

国内相关研究，侧重于借鉴数据生命周期理论[⑧]、CKAN 模型、Drupal 方法[⑨]等理论方法，探讨政府数据开放平台的构建原则、标准和特征[⑩]，构建政府数据开放平台的理论框架[⑪]，为我国政府开放数据提供借鉴和参考作用。

国外相关研究，侧重于分析政府数据开放平台构建的可行性，基于不同场景设计政府数据开放平台并展开实施，在此基础上对政府数

---

① 赵树宽，孙彦明，张福俊，等. 基于跨界融合的政府数据开放共享模型研究 [J]. 图书情报工作，2018，62（12）：21-29.
② 高天鹏，莫太林. 政府数据开放平台用户初始采纳模型及实证研究 [J]. 电子政务，2018（11）：69-82.
③ 孙璐，李广建. 政府开放数据应用分析模型构建研究 [J]. 图书情报工作，2017，61（3）：97-108.
④ IANNACCI F，SEEPMA A P，DE BLOK C，et al.Reappraising maturity models in e - government research：the trajectory - turning point theory [J]. The Journal of Strategic Information Systems，2019，28（3）：78-90.
⑤ MCBRIDE K，AAVIK G，TOOTS M，et al. How does open government data driven cocreation occur? Six factors and a perfect storm；insights from Chicago's food inspection forecasting model [J]. Government Information Quarterly，2019，36（1）：88-97.
⑥ SRIMUANG C，COOHAROJANANONE N，TANLAMAI U，et al.Development of an open government data assessment model：user - centric approach to identify the weighted components in Thailand [J]. International Journal of Electronic Governance，2018，10（3）：1.
⑦ LEE-GEILLER S，LEE T D .Using government websites to enhance democratic e - governance：a conceptual model for evaluation [J]. Government Information Quarterly，2019，36（2）：208-225.
⑧ 王卫，王晶，张梦君. 基于数据生命周期的政府数据开放平台框架构建研究 [J]. 图书馆理论与实践，2019（3）：107-112.
⑨ 李盼，翟军，陈燕. 基于 Drupal 的政府数据开放平台构建 [J]. 现代情报，2016，36（8）：37-43.
⑩ 钱晓红，胡芒谷. 政府数据开放平台的构建及技术特征 [J]. 图书情报知识，2014（3）：124-129.
⑪ 岳丽欣，刘文云. 我国政府数据开放平台建设现状及平台框架构建研究 [J]. 图书馆，2017（2）：81-85；107.

据开放平台进行评估研究①。

（2）开放数据管理研究

国内相关研究，一是基于管理要素，进行数据质量管理研究，结合实践调查提出对策和建议②；二是基于实践，进一步阐述政府数据开放的风险内涵和表现形式，提出风险管理的目标③；三是根据国内外实践，分析有待研究解决的数据管理的基本问题，从数据对象、组织、检索、开发利用等方面入手，加强开放数据的管理④；四是对国内外政府开放数据的元数据管理进行全面调研与比较分析，提出切合我国政府开放数据实际情况的元数据管理建议⑤。

国外相关研究，一是侧重于异构数据、链接数据等数据管理的方法研究和技术探讨；二是侧重于将相关的方法和技术运用到案例研究中进行实证分析⑥。

（3）政府服务提供研究

国内相关研究，一是聚焦于政府服务质量评估，分析影响政府数据开放平台服务质量的因素，评价网站的服务质量，并提出对策与建议⑦；二是聚焦于服务现状分析，基于数据与用户、数据与平台、服务方式与服务特点、准备与实施等不同角度，建立评价指标体系，揭示我国地方政府数据开放平台的服务现状⑧；三是聚焦于服务优化提升，基于协同

_____

① RAVINDER, KUMAR, VERMA, et al. Government portals, social media platforms and citizen engagement in India: some insights [J]. Procedia Computer Science, 2017: 842-849.
② 张楠. 基于生命周期的政府开放数据质量管理研究 [D]. 郑州：郑州航空工业管理学院，2020.
③ 夏义堃. 论政府数据开放风险与风险管理 [J]. 情报学报，2017，36（1）：18-27.
④ 黄如花，王春迎. 英美政府数据开放平台数据管理功能的调查与分析 [J]. 图书情报工作，2016，60（19）：24-30.
⑤ 林焱. 我国政府数据开放的元数据管理研究 [D]. 武汉：武汉大学，2018.
⑥ HANEEM F, KAMAA N, TASKIN N, et al.Determinants of master data management adoption by local government organizations: an empirical study [J]. International Journal of Information Management, 2018（45）：25-43.
⑦ 顾嘉琪，袁莉. 基于公众需求的政府数据开放服务质量提升研究 [J]. 情报杂志，2020，39（6）：196-202.
⑧ 林平，何思奇，段尧清. 数据与用户视角下政府开放数据服务水平评价研究 [J]. 图书情报工作，2020，64（2）：23-29.

治理理论等理论，借鉴英国、加拿大等各国开放政府数据的经验，侧重于服务失误补救问题，探讨我国政府数据开放服务的优化路径[①]。

国外相关研究，侧重于政府开放数据服务的路径研究、政府开放数据服务在具体领域的应用研究[②]。例如，在政府开放数据服务的路径方面，侧重于智能感知、智能识别、智能推荐、智能决策、智能服务的研究；在政府开放数据服务的应用方面，侧重于研究与不同领域的具体结合，包括智慧城市政务服务平台、信息行业的新发展视角、老年人数字公共服务等具体的应用案例。

1.2.4 政府开放数据的保障研究

（1）信息技术保障研究

国内相关研究，侧重于利用区块链、边缘计算等平台构建技术，数据安全保障、分布式计算等数据处理与分析技术，以及物联网、空间信息、人工智能等信息技术，为我国政府数据开放的深入展开和持续推进提供技术支持，从而释放数据红利、促进经济发展[③]。

国外相关研究，侧重于利用数据可视化技术、本体技术、链接数据技术、社会网络技术、元数据管理技术等，保障政府开放数据的融合利用、整合开发，实现政府开放数据的安全保护[④]。

（2）政策法规保障研究

国内相关研究，通过文献调研和案例分析方法，阐述荷兰、日本、加拿大、法国、英国、丹麦、美国、澳大利亚、新西兰等不同国

---

① 屠健，马海群. 我国政府数据开放平台在线服务功能调研与分析 [J]. 图书馆研究与工作，2019（9）：39-43.
② JARKE J. Open government for all? Co-creating digital public services for older adults through data walks [J]. Online Information Review，2019，43（6）：1003-1020.
③ 王毛路，华跃. 数据脱敏在政府数据治理及开放服务中的应用 [J]. 电子政务，2019（5）：94-103.
④ KAO C H，HSIEH C H，CHU Y F，et al. Using data visualization technique to detect sensitive information re-identification problem of real open dataset [J]. Journal of Systems Architecture，2017，80：85-91.

家有关政府数据的政策和法规，梳理政策原则和政策标准，提取政策法规的内容要素，构建政策保障框架和体系①。

国外相关研究，集中在两个方面：政府开放数据政策保障案例和政府开放数据政策保障机制②。在政府开放数据政策保障案例研究方面，分析了美国、英国、韩国等不同国家的政府开放数据政策案例，论述了政策制定的重要性，分析其政策保障框架。在政府开放数据政策保障机制研究方面，主要采用生态系统的观点，分析了政府开放数据的政策法规保障并进行了实证分析，如澳大利亚政府数据开放政策、韩国政府数据开放政策。

（3）体制机制保障研究

国内相关研究，主要利用文献调研法和国际比较法，基于公众服务、多元公共行政观等不同视角，梳理政府数据开放的主要保护机制，进行案例分析和比较研究，并结合大数据时代特征，总结机制的构建经验，指出我国政府数据开放保障机制的构建途径，为数据开放保障机制提供参考③。

国外相关研究，侧重于具体和细化的体制机制保障研究，包括开放机制保障、管理机制保障、协调机制保障等方面④。

1.2.5 政府开放数据的应用研究

（1）在不同领域的实际应用研究

国内相关研究，侧重于探讨政府开放数据在应急管理、公共安

---

① 程银桂，赖彤. 新西兰政府数据开放的政策法规保障及对我国的启示［J］. 图书情报工作，2016，60（19）：15-23.
② CHATFIELD A T，REDDICK C G. A framework for internet of things-enabled smart government：a case of IoT cybersecurity policies and use cases in U.S.federal government［J］. Government Information Quarterly，2018，36（2）：346-357.
③ 陈美. 澳大利亚地方政府开放数据的保障机制研究——基于多元公共行政观的视角［J］. 情报理论与实践，2017，40（12）：111；139-144.
④ MUNGAI P W. Causal mechanisms and institutionalisation of open government data in Kenya［J］. The Electronic Journal of Information Systems in Developing Countries，2018，84（6）：254-267.

全、商业、交通运输、健康医疗等不同领域的具体应用①。

国外相关研究，侧重于环境保护领域的森林砍伐问题、财政税收领域的可持续发展问题、健康医疗领域的健康应用问题和体育活动问题、智能城市领域的建设应用问题、旅游风险管理领域的台风预警问题、科研领域的数据挖掘问题、商业领域的政企合作模式问题②。

（2）政府数据应用产品研究

国内相关研究，侧重于应用开发现状、应用创新模式等方面。一方面，通过案例分析方法，对发达国家的数据应用开发情况进行研究和分析，总结其成功经验与启示；对当前我国政府数据开放平台上的数据应用现状和问题展开剖析，提炼出应用研究热点，以确定优化的对策与建议③。另一方面，比较政府开放数据中推动数据应用的做法与模式，积极探索新常态下创新驱动发展的新动能，建立政府数据的开放模式，提出政府数据应用的创新建议④。

国外相关研究，侧重于政府统计报告、政府数据可视化、政府数据服务、政府数据应用程序等应用产品的研发创新、实际应用⑤。

1.2.6 政府开放数据的评估研究

（1）政府数据评估研究

国内相关研究，一是侧重于政府数据在具体应用中的评估，构

① 陈美. 面向增值利用的开放政府数据商业应用研究［J］. 图书馆，2017（12）：25-30.
② YEN Y H，CHING L. An application of open government data：an evidence on physical activity environment and non-communicable dseases［J］. International Journal of Computer Theory and Engineering，2017，9（4）：308-312.
③ 孟显印，杨超. 我国开放政府数据应用开发的现状与问题——基于开放政府数据平台的分析［J］. 情报杂志，2020，39（3）：163-171；197.
④ 杨兴义，王辉. 政府数据开放与应用创新研究——以青岛为例［J］. 信息系统工程，2015（7）：10-11.
⑤ GRAVES A，HENDLER J，ZHANG J，et al. A study on the use of visualizations for open government data［J］. Information Polity，2014，19（1）：73-91.

建突发公共卫生事件地方数据开放评估体系，分析数据开放现状和不足[1]；二是侧重于数据隐私风险评估，以新西兰、英国、法国等国家为例进行分析，提出加强隐私风险管理的专业化建议[2]；三是侧重于数据质量评估，采用层次分析法（Analytic Hierarchy Process，AHP）法、文献调研、标杆管理等方法，基于评估动因和评估内容、评估对象和数据获取方式、评估框架和指标体系等角度，评估政府开放数据的更新状态、利用率、准备度等，解析了政府开放数据的不同模式，为构建适合我国国情的政府数据评估框架和指标提供借鉴和参考[3]。

国外相关研究，侧重于数据评估方法、数据评估案例和数据评估框架等方面。一方面，对巴西、西班牙、希腊、印度、哥伦比亚等国家的政府开放数据进行案例评估[4]；另一方面，评估全球开放政府数据的方法与现状，构建政府开放数据的综合评估框架，在此基础上评估公共组织运用政府开放数据的意向、政府开放数据的基础设施、政府开放数据的项目、政府开放数据的绩效、政府开放数据的动机和感知影响[5]。

（2）平台网站评估研究

国内相关研究，一是侧重于平台建设情况评估，运用数据包络分析（DEA）等方法，建立政府数据开放平台的建设评估体系和发展速度评估体系，以提升社会公众对政府数据开放平台的利用度[6]；二是

---

① 翁士洪，林晨晖，早克然·库地热提. 突发事件政府数据开放质量评估研究：新冠病毒疫情的全国样本实证分析 [J]. 电子政务，2020（5）：2-13.
② 陈美. 政府开放数据的隐私风险评估与防控：英国的经验 [J]. 中国行政管理，2020（5）：153-159.
③ 王迪. 开放政府数据评估体系比较研究 [J]. 情报资料工作，2017（5）：27-33.
④ PARYCEK P, HÖCHTL J, GINNER M. Open government data implementation evaluation [J]. Journal of Theoretical and Applied Electronic Commerce Research，2014，9（2）：80-99.
⑤ LV H, MA H. Performance assessment and major trends in open government data research based on web of science data [J]. Data Technologies and Applications，2019，53（2）：286-303.
⑥ 沈晶，韩磊，胡广伟. 政府数据开放发展速度指数研究——基于我国省级政府数据开放平台的评估 [J]. 情报杂志，2018，37（11）：156-163.

侧重于平台质量绩效评估①，运用德尔菲法和层次分析法进行指标筛选和权重赋值，构建政府数据开放平台的绩效评估指标体系，运用TOPSIS模型等方法，评估我国政府数据开放平台的绩效和服务质量，提出我国政府数据开放平台建设的改进策略。

国外相关研究，侧重于平台评估方法研究和平台建设情况评估②。在平台评估方法研究方面，以用户为中心，致力于通过自动化的方法，设计、开发和评估政府数据开放平台，并进行案例研究。在平台建设情况评估方面，通过对政府数据开放平台系统功能的调查，比较分析中东等国家的政府数据门户网站的建设情况。

（3）开放政策评估研究

国内相关研究，侧重于政策文本评估③，采用文献分析、质性研究等方法，对国内外政府数据开放的政策文本的主题内容进行分析，以此对政策评估进行系统考察，发现对国家顶层设计可供借鉴之处。

国外相关研究，侧重于政策实施现状评估和政策实施效果评估④。在政策实施现状评估方面，基于意大利等国家的案例分析，评估政府开放数据政策的实施现状和合规性。在政策实施效果评估方面，探讨政府开放数据政策实施的效果模式，如线性分析模式、生态系统模式和调节模式等，并进行案例分析；实证研究政府开放数据政策在技术创新、教育等领域的实际效果，论证政策内容和政策实施之间的差距。

---

① 林明燕，张廷君. 地方政府数据开放平台绩效评估指标体系实证研究 [J]. 图书馆理论与实践，2019（12）：46-54.
② HUANG R，WANG C，ZHANG X，et al. Design，develop and evaluate an open government data platform：a user-centred approach [J]. The Electronic Library，2019，37（3）：550-562.
③ 陈朝兵，郝文强. 国外政府数据开放隐私影响评估的政策考察与启示——以美英澳新四国为例 [J]. 情报资料工作，2019，40（5）：23-30.
④ ŽUFFOVÁ M.Do FOI laws and open government data deliver as anti-corruption policies? Evidence from a cross-country study [J]. Government Information Quarterly，2020，37（3）：101-480.

1.2.7　研究评述

政府开放数据相关研究主要涵盖理论研究、实践研究、保障研究、应用研究和评估研究五个方面。其中，理论研究是政府开放数据的基础和奠基石，实践研究是政府开放数据的路径和主要内容，保障研究是政府开放数据的支撑和盾牌，应用研究是政府开放数据落于实地的成果和体现，评估研究则是政府开放数据的目的和方向标。总体来看，国外相关研究越来越多呈现研究角度的细致化，选取政府开放数据问题的某一方面或某个具体实例进行分析，这与国外许多国家数据开放进程已趋向成熟的现状有很大关系。相比而言，国内相关研究主要是分析我国政府开放数据的整体概况，指出存在的问题与不足之处。

（1）国内外研究共性

第一，研究背景相同。国内外研究都是在现代ABDC信息技术（即人工智能技术（AI）、区块链技术（Blockchain）、云计算技术（Cloud computing）、大数据技术（Data））和政府开放数据的双重驱动背景下，结合政府数据开放的实践项目和网站建设中的相关问题开展研究。

第二，研究重点相似。国内外相关研究主要集中在政府开放数据的理论基础研究、政府开放数据的实施践行研究、政府开放数据的保障支撑研究、政府开放数据的应用评估研究等方面，研究对象聚焦于政府数据、开放平台、开放政策等主体，研究手段多采用信息技术和体制机制等措施展开研究。

第三，研究目的相同。国内外研究都是为了构建和健全政府数据开放体系，优化和完善开放数据服务，推动政府数据开放进程，实现政府开放数据的经济、政治和社会效益，提高国家政府的透明度和问责制，促使公民参与和协作，实现数据开放共享和利用，刺激创新。

（2）国内外研究差异

第一，研究和实践的起始时间不同。在研究方面，国外从2007年就展开了对开放政府数据原则的讨论，并在2013—2015年达到了研究高峰，而国内关于政府开放数据的研究起步较晚，相关研究成果直到2013年才开始显著增加。在实践方面，国外的政府开放数据运动起源于1983年，兴起于2009年，而国内的政府开放数据运动起源于2007年，兴起于2012年。

第二，研究者的学科领域有差异。国内研究政府开放数据的学者，大多集中于图、情、档等领域，侧重于理论层面的探讨，而国外的主要研究领域包括计算机科学、信息科学等领域，在理论的基础上，侧重于技术与应用方面的实践性和实用性。

第三，研究层次具有差异性。国外的研究侧重于面向政府开放数据的不同主体进行开放效果的定量和实证研究，而国内的研究目前仍局限于对基本概念、意义等进行理论层面的辨析和解读，在平台和技术方面以经验介绍居多，缺乏具体和细化的建议，亟待提高研究的深度和实证性。

（3）国内外研究总结

国内外研究大多分散在政府开放数据的某个方面，缺乏对其进行整体性、系统性、协同性的研究。特别是国内大多数研究较少重视本土的实践，停留于论述政府开放数据的预期价值，缺乏对价值的实证检验，缺乏政府开放数据价值机制和价值测量的实证研究。

事实上，政府开放数据作为一个系统，包括数据开放子系统、数据利用子系统和数据价值子系统。政府开放数据系统实现价值的有效途径就是各子系统之间的良性耦合、协同发展。通过数据的耦合，有助于促进政府部门之间、政府部门与社会机构之间的协作，实现政府开放数据的经济价值，刺激经济、技术的创新。据此，选取政府开放数据系统作为研究对象，对其开放耦合机制、利用耦合机制和价值耦合机制展开理论探讨；通过构建政府开放数据系统的开放耦合函数、利用协调函数和价值赋能模型，并结合湖北省政府数据的开放现状，对其系统耦合机制展开实证研究。

1.3 研究思路、内容与框架

1.3.1 研究思路

政府数据从开放、利用到价值实现是一个协同的过程，政府、数据和用户共同构成了政府开放数据系统。就整个系统而言，离不开系统要素的共同作用。本书从数据开放、数据利用和数据价值方面，构建政府开放数据系统的耦合机制与测度函数，建立机制与函数之间的同构映射关系。按照政府开放数据系统的"耦合理论分析—实际运行机制"展开探讨，依照"开放耦合机制—利用耦合机制—价值耦合机制—系统耦合机制"的逻辑思路逐步展开研究。本书的具体研究思路有以下五个方面：

（1）政府开放数据系统的耦合理论分析

政府开放数据系统涵盖了从政府部门开放数据到用户利用数据，再到数据价值实现的全过程。依据政府开放数据系统的耦合内涵、耦合特征和耦合构成，将其划分为数据开放子系统、数据利用子系统和数据价值子系统。根据各子系统的耦合内涵和要素维度，绘制数据开放子系统框架、数据利用子系统框架和数据价值子系统框架，以构建出政府开放数据系统的理论耦合框架。

（2）政府开放数据系统的开放耦合机制分析

依据数据开放子系统的维度要素及其测度指标，构建数据开放耦合指标体系。通过开放数据集、开放数据接口和开放数据容量等指标衡量开放数量要素，通过开放部门参与性、开放主题丰富性和开放格式多样性等指标衡量开放质量要素。基于开放数量要素和开放质量要素的功效函数、指标权重函数、综合评价函数，构建政府开放数据系统的开放耦合函数和开放协调函数。在对样本平台的政府开放数据进行统计分析的基础之上，计算开放数量要素和开放质量要素的功效系数、指标权重和综合评价指数，进而测度湖北省各政府数据开放平台的开放耦合度与开放协调度。

（3）政府开放数据系统的利用耦合机制分析

依据数据利用子系统的维度要素及其测度指标，构建数据利用耦合指标体系。通过数据浏览量、数据浏览率、单一样本浏览率和整体样本浏览率等指标衡量浏览行为要素，通过数据下载量、数据下载率、单一样本下载率和整体样本下载率等指标衡量下载行为要素。基于浏览行为要素和下载行为要素的功效函数、指标权重函数、综合评价函数，构建政府开放数据系统的利用耦合函数和利用协调函数。在对样本平台的政府开放数据进行统计分析的基础之上，计算浏览行为要素和下载行为要素的功效系数、指标权重和综合评价指数，进而测度湖北省各政府数据开放平台的利用耦合度与利用协调度。

（4）政府开放数据系统的价值耦合机制分析

依据数据价值子系统的维度要素及其测度指标，构建数据价值耦合指标体系。通过数据调用量、数据调用率、单一样本调用率和整体样本调用率等指标衡量调用价值要素，通过数据应用量、数据应用率、单一样本应用率和整体样本应用率等指标衡量应用价值要素。基于调用价值要素和应用价值要素的功效函数、指标权重函数、综合评价函数，构建政府开放数据系统的价值耦合函数和价值协调函数。在对样本平台的政府开放数据进行统计分析的基础上，计算调用价值要素和应用价值要素的功效系数、指标权重和综合评价指数，进而测度湖北省各政府数据开放平台的价值耦合度与价值协调度。

（5）政府开放数据系统的耦合机制分析

依据数据开放子系统、数据利用子系统、数据价值子系统，构建政府开放数据系统的综合评价函数、耦合度函数和协调度函数。在对样本平台的政府开放数据进行统计分析的基础上，计算三个子系统的综合评价指数，进而测度湖北省各平台政府开放数据的系统耦合度和系统协调度，分析其耦合机制及其层次聚类特性。

1.3.2　研究内容

第1章：绪论。本章首先从国内外政府数据开放进程入手，探讨政府数据开放的理论意义和现实研究价值；其次，从理论研究、实践研究、保障研究、应用研究和评估研究五个方面入手，对当前政府开放数据的研究现状进行评述，进而推导出本书的研究问题、研究思路、主要内容和核心框架；最后，描述本书采用的研究方法、遇到的难点和提出的创新之处。

第2章：相关概念与理论基础。本章主要包括核心概念的界定和涉及的基础理论两个方面。首先，探讨本书涉及的相关概念，具体包括政府数据与政府开放数据等概念的辨析；其次，考察本书涉及的基本理论，具体涵盖系统科学理论、协同治理理论、数据生命周期理论、系统耦合理论等相关理论；最后，从各个理论的核心内容、演化发展和适用性分析三个方面展开研究，为后续的探讨奠定理论基础。

第3章：政府开放数据系统的耦合理论分析。本章依次进行政府开放数据的系统耦合分析、开放耦合分析、利用耦合分析和价值耦合分析。在系统耦合分析方面，基于系统内涵和特征，将政府开放数据系统划分为数据开放子系统、数据利用子系统和数据价值子系统。在开放耦合分析方面，基于开放内涵和特征，将开放耦合维度划分为开放数量和开放质量两个要素。在利用耦合分析方面，基于利用内涵和特征，将利用耦合维度划分为浏览行为和下载行为两个要素。在价值耦合分析方面，基于价值内涵和特征，将价值耦合维度划分为调用价值和应用价值两个要素。

第4章：政府开放数据系统的开放耦合机制分析。本章借鉴物理学科的耦合函数和协调函数，构建数据开放子系统的开放耦合函数。通过开放数据集、开放数据接口和开放数据容量等指标衡量开放数量要素，通过开放部门参与性、开放主题丰富性和开放格式多样性等指标衡量数据开放质量要素，进而构建开放数量要素和开放质量要素的综合评价函数，进一步设立数据开放子系统的耦合度函数和协调度函数。通过对湖北省各政府数据开放平台进行数据获取与处理，计算各个要素的功效系数、指标权重、综合评价指数，进而测度数据开放子系统的耦合度与协调度，实证分析湖北省各政府平台数据的开放耦合机制。

第5章：政府开放数据系统的利用耦合机制分析。本章借鉴物理学科的耦合函数和协调函数，构建数据利用子系统的利用耦合函数。通过数据浏览量、数据浏览率、单一样本浏览率和整体样本浏览率等指标衡量浏览行为要素，通过数据下载量、数据下载率、单一样本下载率和整体样本下载率等指标衡量下载行为要素，进而构建浏览行为要素和下载行为要素的综合评价函数，进一步设立数据利用子系统的耦合度函数和协调度函数。通过对湖北省各政府数据开放平台进行数据获取与处理，计算各个要素的功效系数、指标权重、综合评价指数，进而测度数据利用子系统的耦合度与协调度，实证分析湖北省各政府平台数据的利用耦合机制。

第6章：政府开放数据系统的价值耦合机制分析。本章借鉴物理学科的耦合函数和协调函数，构建数据价值子系统的价值耦合函数。

通过数据调用量、数据调用率、单一样本调用率和整体样本调用率等指标衡量调用价值要素，通过数据应用量、数据应用率、单一样本应用率和整体样本应用率等指标衡量应用价值要素，进而构建调用价值要素和应用价值要素的综合评价函数，进一步设立数据价值子系统的耦合度函数和协调度函数。通过对湖北省各政府数据开放平台进行数据获取与处理，计算各个要素的功效系数、指标权重、综合评价指数，进而测度数据价值子系统的耦合度与协调度，实证分析湖北省各政府平台数据的价值耦合机制。

第7章：政府开放数据系统的耦合机制分析。本章借鉴物理学科的耦合函数和协调函数，构建政府开放数据系统的整体耦合函数。基于数据开放子系统、数据利用子系统、数据价值子系统的综合评价函数，构建政府开放数据系统的耦合度函数和协调度函数。通过对湖北省各政府数据开放平台进行数据获取与处理，并依据各子系统对政府开放数据系统的贡献度，分析数据开放子系统、数据利用子系统和数据价值子系统之间的耦合度和协调度，进而测度湖北省各平台政府开放数据系统的耦合机制及其层次聚类特性。

第8章：政府开放数据系统耦合优化的对策建议。本章从政府、公众、数据、平台四个方面对优化政府开放数据系统提出对策与建议。政府是开放数据的义务主体，要加大、加深数据的开放力度。公众是开放数据的权利主体，要积极参与数据的开放进程。数据是开放数据的基础客体，要全面释放数据的开放价值。平台是开放数据的媒介渠道，要建设完善平台的开放性能。

第9章：研究结论与展望。本章从政府数据的开放耦合机制、利用耦合机制、价值耦合机制、系统耦合机制四个方面梳理主要的研究结论，指出当前研究存在的局限以及未来可能的研究方向。

1.3.3 研究框架

按照"提出问题—分析问题—解决问题—总结问题"的研究思路，结合研究内容，绘制出具体的研究框架，如图1-9所示。

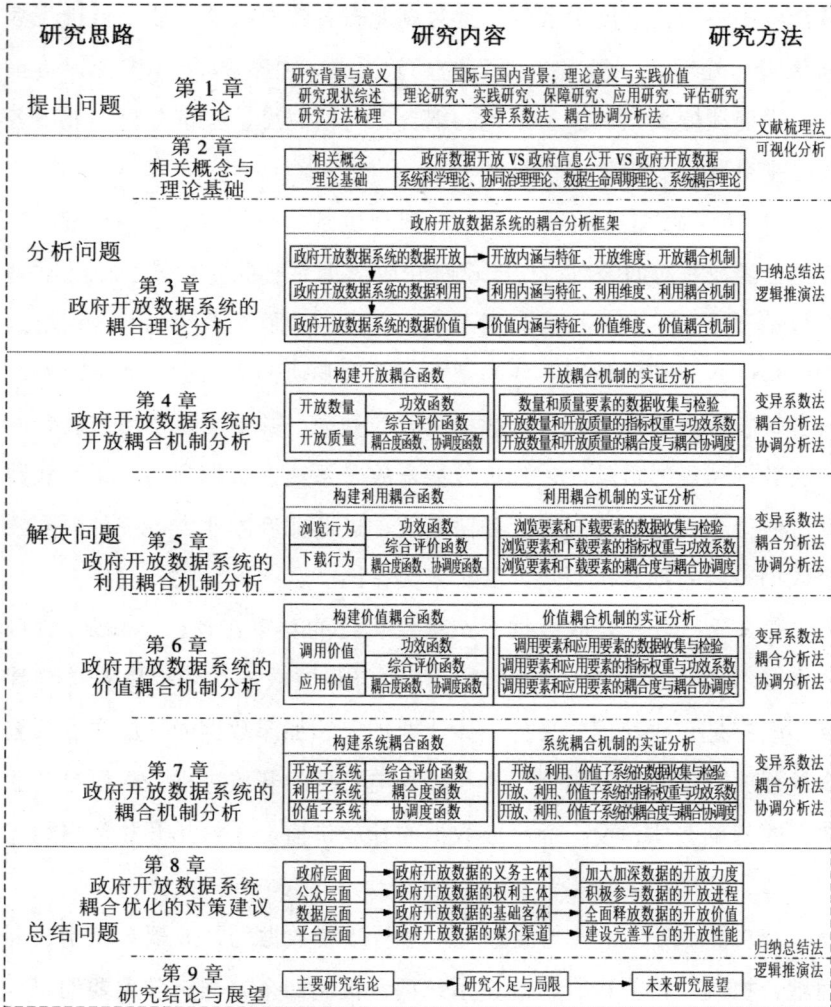

研究思路		研究内容		研究方法
提出问题	第1章 绪论	研究背景与意义	国际与国内背景；理论意义与实践价值	文献梳理法 可视化分析
		研究现状综述	理论研究、实践研究、保障研究、应用研究、评估研究	
		研究方法梳理	变异系数法、耦合协调分析法	
分析问题	第2章 相关概念与理论基础	相关概念	政府数据开放 VS 政府信息公开 VS 政府开放数据	
		理论基础	系统科学理论、协同治理理论、数据生命周期理论、系统耦合理论	
	第3章 政府开放数据系统的耦合理论分析	政府开放数据系统的耦合分析框架		归纳总结法 逻辑推演法
		政府开放数据系统的数据开放 → 开放内涵与特征、开放维度、开放耦合机制		
		政府开放数据系统的数据利用 → 利用内涵与特征、利用维度、利用耦合机制		
		政府开放数据系统的数据价值 → 价值内涵与特征、价值维度、价值耦合机制		
解决问题	第4章 政府开放数据系统的开放耦合机制分析	构建开放耦合函数	开放耦合机制的实证分析	变异系数法 耦合分析法 协调分析法
		开放数量 功效函数 / 开放质量 综合评价函数、耦合度函数、协调度函数	数量和质量要素的数据收集与检验 / 开放数量和开放质量的指标权重与功效系数 / 开放数量和开放质量的耦合度与耦合协调度	
	第5章 政府开放数据系统的利用耦合机制分析	构建利用耦合函数	利用耦合机制的实证分析	变异系数法 耦合分析法 协调分析法
		浏览行为 功效函数 / 下载行为 综合评价函数、耦合度函数、协调度函数	浏览要素和下载要素的数据收集与检验 / 浏览要素和下载要素的指标权重与功效系数 / 浏览要素和下载要素的耦合度与耦合协调度	
	第6章 政府开放数据系统的价值耦合机制分析	构建价值耦合函数	价值耦合机制的实证分析	变异系数法 耦合分析法 协调分析法
		调用价值 功效函数 / 应用价值 综合评价函数、耦合度函数、协调度函数	调用要素和应用要素的数据收集与检验 / 调用要素和应用要素的指标权重与功效系数 / 调用要素和应用要素的耦合度与耦合协调度	
	第7章 政府开放数据系统的耦合机制分析	构建系统耦合函数	系统耦合机制的实证分析	变异系数法 耦合分析法 协调分析法
		开放子系统 综合评价函数 / 利用子系统 耦合度函数 / 价值子系统 协调度函数	开放、利用、价值子系统的数据收集与检验 / 开放、利用、价值子系统的指标权重与功效系数 / 开放、利用、价值子系统的耦合度与耦合协调度	
总结问题	第8章 政府开放数据系统耦合优化的对策建议	政府层面 → 政府开放数据的义务主体 → 加大加深数据的开放力度		归纳总结法 逻辑推演法
		公众层面 → 政府开放数据的权利主体 → 积极参与数据的开放过程		
		数据层面 → 政府开放数据的基础客体 → 全面释放数据的开放价值		
		平台层面 → 政府开放数据的媒介渠道 → 建设完善平台的开放性能		
	第9章 研究结论与展望	主要研究结论 → 研究不足与局限 → 未来研究展望		

图1-9 研究框架

1.4 研究方法

本书主要借助文献研究法、网络调查法、定量分析法和定性分析法对相关问题进行全面的研究、论证和解释。

（1）文献研究法

本书重点围绕政府开放数据这一主题，利用文献研究法对政府开放数据文献进行收集、鉴别与梳理，总结政府开放数据的国内外相关研究，科学认识数据开放、数据利用和数据价值等相关问题，为后续研究奠定理论基础。

（2）网络调查法

为了了解政府数据开放平台的基本建设、数据开放、数据利用和数据价值的情况，本书利用网络调查法和爬虫技术对我国现有的政府数据开放平台进行数据采集，通过数据清洗与数据处理，使政府数据的开放情况、利用现状和价值赋能可以被量化描述，为后续定量分析提供数据资源。

（3）定量分析法

在已获得的数据基础上，利用耦合协调模型对政府数据开放、政府数据利用和政府数据价值的耦合度与协调度分别进行计算，定量呈现湖北省各政府数据开放平台的开放耦合度、利用耦合度、价值耦合度和系统整体协调度，评估湖北省政府开放数据的总体情况和具体情况。

（4）定性分析法

利用定性分析法对定量分析结果进一步解释，基于政府数据的开放耦合机制、利用耦合机制和价值耦合机制，通过比较各政府开放数据的量化结果，分析数据开放的耦合情况、数据利用的协调情况和数据价值的赋能情况，从中提出开放主体、开放内容等方面存在的问题，进一步就如何加强我国政府数据开放平台的建设、开放、利用提供系统性的对策与建议。

1.5　研究难点与创新之处

1.5.1　研究难点

（1）政府数据开放情况获取

政府数据开放平台样本大、特征多、结构复杂，政府数据开放的基本情况需要通过平台数据获取，手工获取难度较大，而爬虫爬取数据时可能因网址防爬导致数据缺失，因此需要在爬虫爬取的基础上进行人工筛选与补充，整体工作量较大。

（2）政府数据开放优化对策

政府开放数据系统优化需要对数据开放、数据利用等多个方面进行统筹考虑，本书旨在为提高政府数据开放效率提供建议，除了依靠实证数据作为依据外，还要通过战略思维进行系统分析，从多个方面提升政府数据的开放耦合度和利用协调度，因此提出的建议应具有针对性和可操作性。

1.5.2　创新之处

（1）创新政府开放数据的系统性理论，丰富政府开放数据的研究内容和理论体系

通过梳理政府开放数据系统的耦合内涵和特征，将该系统划分为数据开放子系统、数据利用子系统和数据价值子系统。在此基础上，进一步探讨各子系统的内涵、特征和核心要素，分析系统中各子系统

的耦合机制，以及子系统中各耦合要素之间的协调机制，研究政府数据的开放耦合机制、利用耦合机制和价值耦合机制。

（2）构建开放耦合函数和开放协调函数，实证分析政府开放数据系统的开放耦合机制

在数据开放子系统中，构造出开放数量要素和开放质量要素的功效函数、综合评价函数、耦合度函数和协调度函数，通过数据收集与检验，测度湖北省各政府数据开放平台的开放耦合度，实证分析政府开放数据的开放耦合机制。

（3）构建利用耦合函数和利用协调函数，实证分析政府开放数据系统的利用耦合机制

在数据利用子系统中，构造出浏览行为要素和下载行为要素的功效函数、综合评价函数、耦合度函数和协调度函数，通过数据收集与检验，测度湖北省各政府数据开放平台的利用耦合度，实证分析政府开放数据的利用耦合机制。

（4）构建价值耦合函数和价值协调函数，实证分析政府开放数据系统的价值耦合机制

在数据价值子系统中，构造出调用价值要素和应用价值要素的功效函数、综合评价函数、耦合度函数和协调度函数，通过数据收集与检验，测度湖北省各政府数据开放平台的价值耦合度，实证分析政府开放数据的价值耦合机制。

（5）构建系统耦合函数和系统协调函数，实证分析政府开放数据系统的耦合机制

在政府开放数据系统中，构造出数据开放子系统、数据利用子系统和数据价值子系统的综合评价函数、耦合度函数和协调度函数，通过数据收集与检验，测度湖北省各政府数据开放平台的系统耦合度，实证分析政府开放数据的系统耦合机制。

1.6　本章小结

本章首先探讨了政府开放数据的研究背景和研究意义，梳理了国内外政府数据开放运动的发展演变，指明了系统视角下进行政府开放数据耦合机制研究的意义。其次，对政府开放数据的理论、实践、保障、应用和评估的相关研究进行了总结与评价，明确了政府开放数据进一步深入研究的方向。最后，将政府开放数据作为一个完整的系统，阐述了基本的研究思路，描述了主要的研究内容，展现了研究技术路线，阐述了研究的难点与创新之处。

2

相关概念与理论基础

探讨政府开放数据的相关概念，一方面有助于明确本书的具体研究内容；另一方面能够为后续的研究奠定概念基础。政府数据与政府开放数据、政府数据开放和政府信息发布等概念既有联系也有区别，通过对这些概念进行辨析，本章清楚地阐明了政府开放数据的内涵。除此之外，本章对研究涉及的主要理论进行探讨，分析各个理论的核心内容、演化发展及其研究的适用性，为后续章节的深入展开奠定了理论基础。

2.1　相关概念

政府数据开放是政府信息公开在大数据时代和数字化转型背景下新的发展和跃进。这一进程不仅体现了政府对数据资源开放共享理念的深入实践，还象征着国家治理体系和治理能力现代化迈出的重要步伐。政府数据开放不同于政府信息公开，具有其特定的内涵和外延，相关术语已被国内外学者、政府部门及国际组织广泛探讨，许多概念相似而有区别，本书将对政府数据开放相关的多组概念进行辨析，从而对其内涵作出更加清晰的界定。

2.1.1　政府数据与政府开放数据

对政府开放数据形成全面了解与认知，首先要明确政府开放数据的核心内容，即政府数据是什么，政府数据和政府开放数据之间的主要差异和联系是什么。政府数据是指由政府部门或政府管理的实体在生产活动中所形成或者拥有的统计资料和信息。政府开放数据是指政府拥有、掌握并选择进行开放的政府数据，用户可以从特定的门户网站进行检索、浏览、下载或无限制地调用，这些数据是结构化、可机读的。

从政府数据与政府开放数据之间的区别来看，政府数据的全生命周期包括数据形成、数据整合、数据存储、数据使用四个主要阶段。政府开放数据的全生命周期是指在开放之后的所有环节，即数据开放、数据利用和数据价值实现等阶段，政府掌握和拥有的数据只有在开放的前提下，才能被用户利用。广大用户只有在对政府开放数据加以利用的基础上，才能真正实现政府数据资源的价值。

从政府数据和政府开放数据之间的联系来看，二者之间既具有包含和被包含的关系，又具有可以相互转化的关系。就包含和被包含而言，政府数据涵盖了政府开放数据，政府开放数据被包含在政府数据范围之内。值得注意的是，政府开放数据一定属于政府数据，但政府数据不一定是政府开放数据。就相互转化关系而言，当政府主体将拥有的数据进行开放时，政府数据即转化为政府开放数据；当开放的政府数据涉及公共安全、个人隐私等问题而需要保密时，政府开放数据即转化为政府数据。

2.1.2　政府数据开放与政府信息公开

政府信息公开，既可以理解为一种制度，也可以理解为一种活动。政府信息公开作为一种制度，主要指的是国家或者地区所颁布的用以规范或者调整信息披露活动的法律规定。政府信息公开作为一种活动，主要是指掌握信息的社会主体，如政府机构或单位等面向非特定的社会对象广泛发布消息，或者在有条件的情况下为某一特定对象提供其所需的信息。一般而言，在平时工作与生活中所讲的政府信息公开，主要是指政府公开信息的这种活动。

对于政府数据开放的定义，目前尚缺乏统一的学术标准，一些学者和机构对此进行了探索。国际性非营利机构开放知识基金委员会（Open Knowledge Foundation，OKF）提出，开放数据是指能够让所有人、出于任何目的而免费利用、修改、分享的数据。OKF下设项目所召集的开放政府管理工作组指出，政府数据在符合整体性、时效性等八项要求和标准时，才能被称为"公开"。从管理目的考虑，政府数据开放的主要目标是把参与方和各种利益相关者引入到政府决策与履职的流程中，从而拓展数据开放的深度和广度，促进政府和公众合作，以提升政府治理效率，推动国家经济发展与社会创新①。政府数据开放包括理念和实践两个层面的开放，政府把自己产生和获取到的各种相关数据集上传到互联网，并不受约束地共享，所有用户都能够按照自身的需要获得这些数据。另外，政府数据公开的基本理念就是利用政府数据的使用、再使用和再分发来促进民主、提升政府透明度，在数据中获益的用户都能够以民主化的、可访问的方式共享和重用政府数据。

政府数据开放涉及的信息主体不仅是政府，还牵涉诸多利益相关者，所以当事人基于自身的利益取向对其定义也有所不同。就政府数据的开放者视角而言，政府数据开放是指政府部门在进行公共事务管理的活动过程中，所收集并保存的大量原始数据，依法、全面、准确地按照开放格式和范围永久免费或免于批准地向公众开放。就数据的使用者视角而言，政府数据开放是指数据的使用主体能够自主、免费或者免于被许可地浏览、收集、使用由政府掌握并依法公开的（法律涉密以外的）原始数据。政府数据开放是指由政府或政府所管理的部门生成或收集数据，所有人都能够对这些数据进行自由利用的行为。简而言之，政府要以不受限制的方式，遵循可获取、可使用、可分配、可重用和普遍参与等基本原则，向所有人免费提供数据。虽然政府数据开放意味着公众可以免费使用和重复使用政府数据，但并非所

① 朱晓峰，盛天祺，张卫. 重大突发公共事件冲击下政府数据开放的共生运行机制研究：构建与演进 [J]. 情报理论与实践，2020，43（12）：80-88.

有政府数据都可以作为开放数据发布。

就政府信息公开与政府数据开放的区别而言，政府信息一旦公开就无后续行为，只是政府部门的单方面动作；政府数据开放则是一种数据、知识和智慧的流动。另外，政府信息公开旨在维护社会公民的基本知情权，与政府透明度密切关联；政府数据开放的目标是数据被广泛使用，对应的权利包括参与权、表达权和监督权等。就政府信息公开与政府数据开放的关系而言，政府信息公开是政府数据开放的前提基础，政府数据开放是政府信息公开的发展跃进，二者具有衔接和递进的关系。

2.1.3 政府数据开放、开放政府数据与政府开放数据

通过对已有研究文献进行总结与梳理发现，我国在政府数据开放的研究初期，许多学者通常采用英文"open government data"的中文直译，因此在较长一段时间使用"开放政府数据"一词。2015年，国务院在《促进大数据发展行动纲要》中明确指出，加快政府数据开放共享，推动资源整合。此后，陆续出台的一些国家政策文件中，同样采用了"政府数据开放"一词。为了与国家政策文件保持高度一致，学界后续研究陆续使用"政府数据开放"来替代"开放政府数据"，因此从语用的变化上来看，二者指代的意义是一样的。然而，在近年的文献、报告和项目中，逐渐开始兴起以"政府开放数据"为主题的系列研究，三者之间的区别逐渐显现。

政府数据开放强调"开放"的行为。政府数据开放主要涵盖了三个方面：第一，开放目的，旨在促进经济发展、鼓励社会创新，从而提高政府的治理水平，形成透明、参与、合作的开放政府。第二，开放主体，包括行政机关及具有公共事务管理职能的执行机关等政府部门。第三，开放原则，是指在不涉及国家机密信息、保障国家安全的

前提下，政府部门应该主动、全面、及时地公开所拥有和掌握的数据。

开放政府数据聚焦于"政府"的主体作用。政府部门要向社会公开所拥有和掌握的数据。虽然开放的政府数据意味着公众能够免费使用或者重复使用，但并不是任何的政府数据都能成为开放数据进行发布。开放政府数据是指由我国行政机构及其履行公共事务管理职责的政府部门执行机关，在不涉及国家机密的情形下，主动开放同公共事务管理有关的、原始的、一手的政府数据。目前，世界各国的数据开放内容还缺乏统一的规定，一般都是按照本国的实际情况开放。纵观世界各国的数据开放状况，大多数国家的数据开放集中于公共服务、科技发展和社会经济三个方面。

政府开放数据则更加侧重于"数据"本身。政府数据是指由政府部门或政府所管理的实体生产或拥有的数据。按照数据生命周期理论，政府开放数据的生命周期可分为三个阶段：政府数据的开放阶段、政府数据的使用阶段和政府数据的价值实现阶段。政府开放数据关注数据在其各个生命周期阶段的具体情况，不论开放的主体是谁、开放的手段如何，政府开放数据更加强调开放的客体，即"数据"本身，侧重于在对政府数据进行开放和利用等行为的基础上，实现数据潜藏和蕴含的巨大价值。

2.2 理论基础

2.2.1 系统科学理论

（1）系统科学理论的演化发展

系统科学理论大致经历了从"老三论"到"新三论"和"九论"的发展与扩充。20世纪40年代是系统科学理论的开创时代。随着第二次世界大战的爆发和信息产业革命的发展，贝塔朗菲提出了一般系统理论，即系统科学的理论基础。20世纪60年代，以数学为背景的一般系统理论成为整个系统科学基础研究的前沿领域。与此同时，巴克莱提出了以社会学理论和系统学理论为背景的新社会体系学说，给系统科学研究的发展带来了新的机遇，标志着系统科学理论的研究范畴从自然科学和数学领域逐渐扩展到了社会科学领域。

20世纪70年代，以自然科学为背景的各种系统学说为系统科学理论研究开辟了新局面。德国理论物理学家哈肯提出了协同理论，协同理论是在多参量的共同驱使和子体系内部的作用下，探究"协同系统"从无序向有序发展及其变化规律的一种理论学说。德国生物物理学家艾根从分子生物学的理论层面上，利用巨系统高阶循环理论并使其数学化，提出了一种自组织系统模式——超循环理论。

20世纪80年代末期，系统科学领域呈现一片蓬勃发展的景象。这一时期，在系统科学领域先后产生的系统复杂性和系统非线性的研究方法，极大地促进了系统科学理论的发展，原有的许多系统学说也得到了进一步的发展。各类系统学说从逻辑结构上开始趋于统一，系统科学体系和基本构架也初步建立。系统理论和系统方法也逐步渗透到各个学科领域，不少专家学者利用系统理论和系统方法描述或处理了各类学科领域问题，并取得了辉煌的成绩。此后，在现代科学思想体系中，系统方法逐渐成为了一个新兴的、务实的科学研究方式，日益被业内所认识、接受与使用。

（2）系统科学理论的核心内容

系统指的是彼此之间密切联系、互相依靠、互相制约、相互促进的若干个部分，依照一定的形式，为了某种目的组合而成的，存在于一定环境中的、具备某种功用的有机总体。要素则是构成系统的基本单元，系统的整体具有系统内部要素总和所不具有的功能。系统中基本要素间的构成方式，即系统结构，系统中同时存在层次特征，将这种层次化分为空间关系层次、时间关系层次、逻辑关系层次。系统内各基本要素的结构能够决定其外在功能，功能可因结构优化而改进。系统在本质上都是开放的，逐渐发展有序，基于系统的部分与总体之间的相互依存关系，对系统的结构和模式进行管理、调控，推动各要素协同发展。

（3）系统科学理论的适用性分析

近几十年来，系统科学理论在理论和应用上都取得了巨大成就，并在社会科学领域的应用日趋广泛。政府开放数据不仅涉及数据本身、数据提供者、数据使用者等诸多要素，还涉及数据的开放、组织、利用等活动行为，因此我们可以将其看作是一个复合系统，需要对其中的人、财、物等进行统筹考虑，以保证其有效运行。

政府开放数据的有效运行，既要考虑数据开放和数据利用，又要考虑数据价值。以系统科学理论为指导，探究数据开放、数据利用和数据价值之间的相互关系，将其作为一个复合系统中的三个子系统，正确把握其演变规律、层次结构、作用功能，分析其优化途径，对促进数据合理有效利用、提升数据价值以及进一步推动政府数据开放具有重要意义。系统科学方法来源于自然科学，又属于横断科学，具有综合性、数理性、抽象性的特征，系统科学方法能够提供很多定量分析方法，帮助解决政府开放数据研究中定性分析方法所无法解决的问题。在政府开放数据系统中应用系统科学的理论和研究方法，能够为研究提供全新的分析视角，提供一种新的研究思路，从而更科学地描述和分析政府开放数据系统中与数据开放、数据利用和数据价值等相关的问题，为政府开放数据研究开辟新的道路。

2.2.2 协同治理理论

（1）协同治理理论的演化发展

协同治理理论认为自然界体系或者人类社会体系具有协调性功能，当外部力量的影响或内部物体的团聚态到了一个临界点时，子系统之间才会出现协调性作用，即系统形成有序结构的内部驱动力。因为世界可以被视为一个整体的系统，所以协同治理理论可被用于研究人文学科中社会经济等系统内外各子系统之间的作用及其发展与变化。

20世纪70年代后，随着政府财力的缩减，导致政府部门在推进各类公众事务建设时力不从心，加上传统官僚体制的运转方式导致政府职能迟滞，引发公众的日益不满。因此，西方政府将目光投向了私营部门，以民营化和促进社会投资为重心，使得私营部门在公众事务建设中承担日益关键的角色。与此同时，公众的积极参与意识逐步加强，公共事务管理的新格局逐步建立，这也对原来的政府管控模式产生了明显的冲击。

20世纪80年代，协同治理理论与公共管理理论逐步结合，影响着政府和企业管理的实践。为打破"福利国家"体制所造成的困局，西方各国政府相继实行改革，学界及时作出反应，利用社会价值理论主张对官僚体制进行调整，并借用私营部门的管理经验和方法对公共机关进行革新，以"经济人"理论假设为前提条件，以市场为导向，谋求社会经济效率与效果，由此产生的新型公共管理学说，实现了由全面统领到管理的过渡。在新公共管理理论指导下，各国政府的变革虽然有效地改善了行政管理效能，但也形成了政府组织分裂与公共服务碎片化。在经济全球化、信息化的冲击下，人们对政府政策失效与市场失灵的理解日益加深，加上庞大组织集团的快速发展，西方学界敏锐地把握住了政府管理领域出现的这些变化趋势，通过大量的深入研究，提供了许多合理化的建议。围绕政府、私营部门与公众间合作主题的研究大量增加，公共治理理论逐渐形成。

20世纪90年代初，公共治理理论越来越关注政府和环境之间所产生的互动关系。针对越来越复杂的社会问题，以及政府资金短缺、管理职能欠缺等所形成的挑战，政府、私营部门与公众间跨主体交往的相关实践已在各国有了相当广泛的应用，如公共服务、保护自然资源等。公共治理理论的出现符合公众对公共事务管理效率提升的需求，其目的之一就是享受更多、更好的公共服务产品。虽然学界的相关研究成果越来越多，但其中不少观点都借鉴了协同学，所以人们越来越倾向于运用"协同治理"这一概念，来指代这种跨政治主体内部的合作。泰勒·库伯认为，未来的公众管理不再是行政层级上的单打独斗，而是重视包含多重主体共同参与公共事务的协调合作。基本上，公共行政的历史就是"协同"的历史。

（2）协同治理理论的核心内容

协同治理更多用于政治学研究领域，但事实上，在经济学、管理学、信息技术学等领域也出现了协同管理的研究成果与案例。在管理学领域，协同管理注重公司内部各单位的业务协作；在信息技术学领域，协同管理注重信息技术应用中各模块和各主体的协作。

为了实现协同效应，政府应做好体系中不同活动的协同与预防工作，根据系统的整体目标协调管理活动，减少各种管理活动之间的相互矛盾与利益冲突，减少政府部门各行其是、相互独立所带来的负面效果。领导者必须认清形势，因势利导，合理调节外界影响，强化内在作用，强化决定性的有序参量。在体系达到质变的临界点之前，必须主动创造条件，推动整个体系朝着积极的方向转变，打破旧的体系结构和架构，形成一种新秩序。协同治理理论有着极大的普适性，而这个普适性表现在它可以找到许多复杂现象背后的规律性。由于它的应用领域十分广泛，因此为研究政府内部组织系统，尤其是在政府部门组织协调方面带来了全新的思考方法和理论视野。

（3）协同治理理论的适用性分析

从协同治理理论的层次分析中可以发现，协同治理理论存在许多分类方法，而截然不同的分类方法又可能产生各种各样的协作管理类型。从协同治理的整体效果来看，协同治理有正向效应和负向效应（有时负向效应会占主导）。根据协作管理的复杂性，协同治理包括两个内容：一是"大协同治理"，即对各种性质的管理主体之间的协作管理；二是"小协同治理"，即在同一性质的管理主体内部的小协调管理。本书将指向政府和政府外部主体之间的"大协同治理"。

政府开放数据的前提之一就是数据治理，数据治理贯穿于整个政府开放数据生命周期，对政府数据的治理和开放的主体不仅有各个政府部门，还有公众、企业和研究机构等。政府数据开放的重要目标是促进数据价值的实现，而数据价值的实现需要依赖公众、企业和研究机构对数据的持续开发和利用。除政府以外的主体不应再局限于被动接受者的角色。

大数据时代下，数据量巨大且不断增加，对数据的收集、组织和保存等必须花费大量的人力和物力，这项活动给政府带来的管理压力愈发沉重，传统的信息公开方式抑制了数据开放和利用的效率。为了解决这一公共社会问题，单一主体的开放和利用模式显然已无法满足需求，因此需要将政府、企业、公众、研究机构等利益相关者共同纳入协同治理的思考中，为达成同一目标，这些主体之间必然会产生积极互动或利益冲突。利益的协调工作必须由政府部门统一领导，尽管政府部门不应该是对政府数据开放的唯一负责主体，但在政府治理中立占据中心地位，主要体现在政策议程的建立、政府责任履行等各方面。政府部门还需要通过一些新制度保障授权的妥善执行，包括自我评估、社会监督和第三方评价机制等。协同治理的政府部门在与各参与者进行沟通时，应发挥积极的带动与推动作用，并为各参与者提供技术、资金等资源方面的帮助。因此，通过对协同治理理论进行分析，能够为政府数据开放策略的制定提供新的研究思路。

2.2.3 数据生命周期理论

（1）数据生命周期理论的演化发展

生命周期是生物学术语，通过引申和扩展之后，已超越原始范畴，演变成为了一种极具价值且普遍适用的科学研究思路和方法论。生命周期理论作为一种重要的科学理论，已经被应用于项目管理、客户管理、生产经营、项目经营、信息管理和数据管理等领域。

在信息科学领域，第一个真正意义的信息生命周期概念由美国信息资源管理专家霍顿提出。1985年，霍顿在《信息资源管理》一书中指出，信息是一种拥有生命循环的资源，信息生命周期由许多逻辑结构上彼此联系的各阶段或全部过程所构成，即信息就像人或者其他生物那样，拥有整个生命过程，并具有循环和作用的范围，包括信息从诞生到失去效用价值所经过的所有阶段和全部流程。信息生命周期包括产生、收集、组织、开发、使用、处理六个部分，信息生命周期模型明确了信息生命周期各个阶段以及开展相应管理工作的重要性。

数据和信息之间有着千丝万缕的联系，关于信息生命周期的学术研究虽被其他研究者补充与完善，但数据生命周期理论是由全球知名的数据存储提供商EMC公司率先提出的，它首先把信息生命周期引入到数据管理的实践中。随着数据科学的发展，有些研究机构和研究者总结了数据处理的规律，建立了各种数据生命周期模型。例如，哥伦比亚大学数据科学研究院于2018年提出的数据生命周期模式；美国国家科学基金会（National Science Foundation，NSF）所赞助的国立地质项目地球资料数据观测网，提供了科学资料数据生命周期模型。国内外学者就数据生命周期，特别是政府数据开放的生命周期进行了理论探讨。例如，珍妮特·温将数据生命周期分为数据生成、数据收集、数据处理、数据保存、数据管理、数据分析、数据可视化和解释，认为整个数据生命周期始于数据生成，之后是数据收集，收集后再进行数据处理，如数据清洗、数据格式化、数据压缩和数据加密等，处理后再进行数据保存、数据管理以实现数据访问最大化。数据管理的目的是进行数据分析，以获取知识或见解，仅分析数据给出知识或见解仍存在局限性，需要数据可视化，以人类可以轻松理解和可视化的方式呈现答案，并解释可视化图形所代表的意义。

一些组织提出了科学数据生命周期这一说法。如美国国家科学基金会（National Science Foundation，NSF）资助的组织 Data ONE 将数据生命周期分为七个阶段：规划、收集、描述、保存、发现、整合和分析。其中，规划是对编译数据的描述；收集是通过手工或传感器或其他仪器进行观察；描述是使用适当的元数据标准准确、安全地描述数据；保存是将数据提交给数据中心实现适当的长期存档；发现是找到并获取可能有用的数据以及有关数据的相关信息；整合是将来自不同来源的数据组合在一起；分析是通过统计分析、机器学习、数据可视化等数据分析方法，提取知识或洞察规律。2014年，美国地质勘探局（United States Geological Survey，USGS）发布的地质调查科学数据生命周期模型包括六个阶段：规划、获取、处理、分析、保存、发布/共享。规划是就如何管理数据进行宏观计划；获取包括收集或生成新数据以及获得已有数据；处理数据涉及数据验证、转换等；分析包括统计分析、可视化分析、空间分析与解释；保存是确保数据的长期可行性和可访问性，涉及数据存档、处理和数据存储库；发布/共享涉及发布流程、数据目录和门户等。

在政府开放数据领域，生命周期理论也得到了应用。2011年，尼曼指出，美国Data.gov地理空间平台需要"数据生命周期"管理。在我国，段尧清、黄如花等学者纷纷提出了政府数据开放的生命周期模型。此外，一些学者并没有采用数据生命周期这一说法，但他们提出政府数据开放的基本内容或步骤同样具有生命周期的特点。例如，关于开放数据政策的框架，贝托将数据收集、数据描述、数据归档与存储、跨部门数据共享、数据发布、数据重用和数据监管纳入其中。

（2）数据生命周期理论的核心内容

数据生命周期管理是指数据在形成、应用和消亡这一过程中，对数据实施有效管理，发挥数据效能的活动。这一过程不仅关注数据的技术性管理，如存储、备份、恢复和迁移等，还关注数据的业务性管理，如数据分类、数据质量的监控与提升等。

就目前研究情况而言，数据生命周期管理主要包括数据产生与收集、数据组织、数据存储与访问、数据使用、数据回收与销毁五个阶段。在数据生命周期的所有重要阶段都有其目的：数据产生与收集在于保证数据的品质，保证数据能够由数据所有者收集；数据组织是指将无序的数据流进行加工整理生成有序数据流，以便为以后的工作提供服务；数据存储与访问是存储和迁移数据的一种形式，通过该项步骤的处理后，信息数据可以进行重复使用，既可以减少数据处理的成本，又可以使数据管理更为便捷；数据使用，是整个数据生命周期过程中必不可少的一环，能够使数据产生更重要的经济价值；数据回收与销毁则是把不需要保留的数据信息按照国家法律法规要求加以处理，从而避免了各类风险的产生。不同类型和效用的数据有着不同的生命周期，但是数据生命周期模式中的大部分阶段是类似的，包括了上述五个阶段。

（3）数据生命周期理论的适用性分析

从政府数据开放的定义来看，通过政府门户网站发布的数据在经过收集后，要将其转化为机器可读的 HTML、CSV、XLS 等数据库格式，并对数据进行一系列的组织与加工，如数据的脱敏、去识别化等，以此来保障数据信息不被泄露，在经过数据组织后，通过政府的门户网站进行发布以供公众使用。

因此，政府开放数据的各个生命周期阶段环环相扣，前一环节是后一环节的基础。其中，数据利用作为政府开放数据的最后一个阶段，依赖于数据的全面采集和有效组织，由平台提供开放、保存和访问，而这些环节呈现一和有机的组合结构。利用数据生命周期理论分析政府开放数据，实质是对数据开放活动进行解构，为政府开放数据系统研究提供较为清晰的分析框架，为政府开放数据系统的耦合性和协调性分析提供了理论支撑。此外，这一分析框架为制定和实施数据开放的策略选择和实施路径，提供了坚实的理论基础和实践指导。

2.2.4 系统耦合理论

（1）系统耦合理论的演化发展

就词语本身而言，"耦"的本义是两人并肩耕田，"耦合"是取其中蕴含的协同增效的意思。类似地，可将不同系统通过耦合元素产生相互作用和相互影响的现象称为耦合。由于学科交叉的发展，耦合理论逐渐运用到社会现象方面，测量两个系统或多个系统的相互作用而产生的实际影响。推而广之，在社会科学领域中，人们将经济社会发展现象之间的有机组合作用，称之为相互耦合作用。

近年来，耦合理论逐渐被运用于经济学、地理学等领域，主要探究两个或多个系统之间的耦合发展关系，通常从两个系统（或多个系统）之间的耦合度、协调度进行分析。耦合协调的概念，指的是两个或多个系统之间相互促进，使得系统最终的结构和走向趋于良性的发展状态。耦合度是对多个系统间相互作用程度的度量，只体现强弱，没有优劣之分。人们必须采取措施对存在耦合关系的系统加以引导、完善，促使二者之间产生良性的、正向的相互作用，不断发展，并激活二者的内在潜力，以达到二者优势互补、共同提升的目的。

（2）系统耦合理论的核心内容

基于耦合论、系统论和协同论的观点，系统耦合实质上是两个或多个具有相似性质的系统之间的协同。各要素相互作用影响的程度即为耦合度，协同程度即为协同度，利用耦合度函数、协调度函数和相关性模型可以定量分析系统耦合度。随着系统耦合理论在生态建设、经济发展等更多领域的应用与推广，它也逐渐成为对多个系统之间、各子系统之间要素相互作用关系的探索分析方法。

（3）系统耦合理论的适用性分析

耦合度和协调度是反映系统变量之间协同水平的定量指标，其数值越高，系统状态就越好，协作等级就越优，反之，系统变量间协调性就越差。基于系统耦合理论，本书对政府开放数据的运行机制展开研究，能够为实证分析政府开放数据的耦合机制提供理论支持。政府开放数据系统中的各子系统之间需要耦合协调，子系统中的各要素之间也需要耦合协调，作为政府开放数据系统中紧密联系又相互作用的多组要素，它们是推动和深化政府数据开放的重要因素。鉴于此，在系统耦合理论的基础上，本书研究数据开放耦合系统的互动关系，衡量政府数据的开放状况和利用水平，有助于促进政府数据的耦合开放和协调发展。

2.3 本章小结

　　本章主要包括政府开放数据的核心概念和基础理论两个方面。首先，通过对政府开放数据的多组相似概念进行辨析比较，界定了本书的相关概念。其次，梳理了本书的理论基础，具体涵盖了系统科学理论、协同治理理论、数据生命周期理论和系统耦合理论等相关理论。最后，分别从各个理论的演化发展、核心内容和适用性分析等方面进行了深入分析。

3

政府开放数据系统的耦合理论分析

数据是国家重要的战略性资源，一个国家有大量基础性的、关键性的数据掌握在各级各地政府部门手中，这些数据资源在安全保密的前提下应当取之于民，用之于民，充分释放数据资源价值。在系统视角下，分析政府开放数据的耦合内涵、耦合特征和耦合构成，一步步拆解政府部门开放数据、用户利用数据、数据价值实现的全过程，能够为政府开放数据系统的耦合机制提供理论思路。

3.1 政府开放数据系统的耦合分析

3.1.1 政府开放数据系统的耦合内涵

（1）政府开放数据系统

系统视角下的政府开放数据，离不开数据开放、用户利用、价值实现的共同作用。在此过程之中，数据是政府开放数据系统的原材料，只有将已有的数据进行整合，政府部门才能实现数据开放；政府是政府开放数据系统的提供者，只有将整合的数据进行开放，用户才能实现数据的利用；用户是政府开放数据系统的需求端，只有对开放的数据进行利用，数据才能实现潜在的价值。

由数据生命周期理论可知，政府数据包括数据产生、数据整合、数据开放、数据利用、数据价值等主要阶段。将政府开放数据视为一个整体的复合系统，是指政府掌握和拥有的所有数据中开放的那一部分政府数据。在此基础上，由数据生命周期理论可知，政府开放数据系统包括数据开放、数据利用和数据价值等阶段。其中，数据开放是数据利用的前提基础，数据利用则是数据价值的实现前提，数据利用是数据开放和数据价值之间的中介和桥梁。政府掌握和拥有的数据，只有在开放的前提下，才能被用户利用。用户在对开放的数据进行利用的基础上，才能够真正实现数据资源的价值。因此，系统视角下的政府开放数据主要包括数据开放、数据利用、数据价值三个内涵。

（2）政府开放数据系统的子系统

政府开放数据系统包括数据开放、数据利用和数据价值三个方面，基于这一定位，政府开放数据系统包括数据开放子系统、数据利用子系统和数据价值子系统。其中，数据开放子系统，是指政府部门对其拥有的数据进行开放的过程中，各个开放要素之间的实际情况。数据利用子系统，指的是用户在对开放的政府数据进行利用的过程中，各个利用要素之间的具体情况。数据价值子系统，指的是政府数据在被利用之后所产生的实际价值。三个子系统在耦合的基础上，能够最终实现政府开放数据的价值。其中，数据开放子系统的耦合，能够促进数据利用子系统的协调；数据利用子系统的协调，能够实现数据价值子系统的赋能。

（3）政府开放数据系统的耦合

系统视角下的开放数据耦合，指的是政府开放数据系统中各子系统之间、子系统中各要素之间具有互相亲合的趋势，具体是指数据开放子系统、数据利用子系统、数据价值子系统通过耦合等途径，在条件发展成熟时，形成具有结构和功能更加协调发展的新系统。政府开放数据系统在耦合过程中，数据开放子系统、数据利用子系统、数据价值子系统之间构成"开放耦合—利用耦合—价值耦合"的互动，即政府数据的开放耦合子系统、利用耦合子系统和价值耦合子系统。其中，开放耦合子系统，指的是政府部门在对拥有的数据进行开放的过程中，各个开放维度之间的耦合情况；利用耦合子系统，是指用户在对开放数据进行利用的过程中，各个利用维度之间的耦合情况；价值耦合子系统，指的是用户在利用数据之后所产生的实际经济价值。在系统视角下，政府开放数据系统的耦合过程既是数据开放、数据利用的过程，又是数据价值实现的过程。政府、数据和用户之间的互动，形成开放耦合子系统、利用耦合子系统和价值耦合子系统之间互相依存、协调共生的耦合关系，表现为三个子系统之间的协同共生。

3.1.2 政府开放数据系统的耦合特征

（1）系统性

系统性，是指政府开放数据是一个有机联系的整体，系统中的政府、数据和用户之间存在物质、能量、信息的交换。政府开放数据系统中包括数据开放子系统、数据利用子系统和数据价值子系统。其中，数据开放子系统中又包括开放数量和开放质量两个要素，数据利用子系统中又包括浏览行为和下载行为两个要素，数据价值子系统中又包括调用价值和应用价值两个要素。从本质上来讲，整个政府开放数据系统是政府数据的开放、利用和价值实现的过程，应该积极运用政府的内部驱动作用、用户的外部牵引作用、平台的支撑作用和技术的保障作用，促进政府开放数据系统的耦合协调发展。

（2）平等性

平等性，指的是政府开放数据系统中各子系统之间的平等以及子系统内各要素之间的平等。其中，各子系统之间的平等包括"开放-利用"平等、"利用-价值"平等和"开放-价值"平等。"开放-利用"平等，是指数据开放子系统和数据利用子系统之间是平等的关系。"利用-价值"平等，是指数据利用子系统和数据价值子系统之间是平等的关系。"开放-价值"平等，是指数据开放子系统和数据价值子系统之间是平等的关系。政府开放数据子系统中各要素之间的平等包括开放耦合平等、利用耦合平等和价值耦合平等。开放耦合平等，指的是开放数量要素和开放质量要素之间的平等。利用耦合平等，指的是浏览行为要素和下载行为要素之间的平等。价值耦合平等，指的是调用价值要素和应用价值要素之间的平等。

（3）耦合性

耦合性，指的是政府开放数据系统中各子系统之间的耦合以及数据开放子系统中不同要素之间的耦合。其中，各子系统之间的耦合包括数据开放子系统和数据利用子系统之间的耦合，数据利用子系统和数据价值子系统之间的耦合，数据价值子系统和数据开放子系统之间的耦合。而数据开放子系统中不同要素之间的耦合又包括开放数量要素和开放质量要素之间的耦合，以及开放数量要素的不同指标之间的耦合、开放质量要素的不同指标之间的耦合。

（4）协调性

协调性，指的是政府开放数据系统中各子系统之间的协调以及数据利用子系统中不同要素之间的协调。其中，各子系统之间的协调包括数据开放子系统和数据利用子系统之间的协调，数据利用子系统和数据价值子系统之间的协调，数据价值子系统和数据开放子系统之间的协调。而数据利用子系统中不同要素之间的协调又包括浏览行为要素和下载行为要素之间的协调，以及浏览行为要素的不同指标之间的协调、下载行为要素的不同指标之间的协调。

（5）价值性

价值性，是指政府开放数据系统以数据价值为中心，以政府、数据利用者为对象，以各子系统之间和子系统中不同要素之间的相互耦合、相互协调为基础，以相互共生为依据，以数据价值赋能为目标，通过政府数据的开放耦合和利用协调，实现数据要素的价值赋能。随着数据正式成为社会生产资料的第五大生产要素，其在当今社会扮演的角色地位不言而喻。数据成为不可或缺的资源要素，正是因为其蕴含巨大的价值潜力，所以政府数据的价值需要在开放和利用的基础之上进行开发、实现。政府开放数据系统的价值性具体包括政府开放数据系统中各子系统之间的价值以及数据价值子系统中不同要素之间的价值。其中，数据价值子系统包括调用价值要素和应用价值要素，以及调用价值要素的不同指标、应用价值要素的不同指标。

3.1.3　政府开放数据系统的耦合构成

（1）耦合子系统之一：开放耦合子系统

系统视角下政府数据的开放耦合，指的是政府部门对拥有的数据进行开放的过程中，各个开放维度之间的耦合情况。当前具有代表性的国际政府数据开放评估项目，主要包括世界银行政府开放数据工作组提出的开放数据准备度、万维网基金会和开放数据研究所发布的全球开放数据晴雨表、开放知识基金会发布的全球开放数据指数以及联合国电子政务调查组发布的电子政务调查报告、经合组织开发的开放政府数据指数（OGD 指数）等。通过梳理这些评估项目的指标体系，发现各个评估项目对政府开放数据的评估集中于政府数据开放平台，聚焦于开放数量和开放质量等方面的评估。因此，基于政府数据门户网站的定位和作用，立足我国各地方政府数据开放平台的实际发展现状，秉承着系统、多维、科学、可行的原则，本书将开放耦合子系统，划分为开放数量和开放质量两个要素维度。

（2）耦合子系统之二：利用耦合子系统

系统视角下政府数据的利用耦合，指的是用户在对政府数据进行利用的过程中，各个利用维度之间的耦合情况。2018 年，《公共信息资源开放试点工作方案》中指出，以充分释放数据红利为目标，强调要促进数据资源的社会化利用，旨在进一步发挥数据规模优势，促进信息资源的规模化应用。《中国政府开放数据利用研究报告（2020年）》中也指出，政府开放数据的有效利用是政府开放数据系统建设的核心目标，是挖掘数据动能以及构建政府数据赋能体系的要素。分析当前面向数据利用的相关文献和报告发现，政府开放数据的利用评估聚焦于用户对开放数据的各种利用行为，这些利用行为主要包括浏览、下载和评分等不同方面。因此，基于我国政府数据开放平台上数据的可得性，本书将利用耦合子系统，将用户行为划分为浏览行为和下载行为两个要素维度。

（3）耦合子系统之三：价值耦合子系统

系统视角下政府数据的价值耦合，指的是政府数据在被利用之后所产生的实际经济价值。全球范围内政府开放数据的价值越来越被各国重视和挖掘。《2015公共部门信息再利用条例》中强调了公共部门信息的政治、经济和社会效益，《联邦数据战略和2020年行动计划》中描述了利用数据支持民主、服务公众和管理资源的愿景。我国有关政策文件也对政府开放数据的价值展现出高度重视，提出了一系列具体要求。《国家信息化发展战略纲要》中指出，释放数字红利和发展数字经济是信息化工作的重中之重，《关于构建更加完善的要素市场化配置体制机制的意见》中也强调实现数据资源的价值赋能。因此，基于政府开放数据在经济、政治和社会生活等方面的实践应用价值，本书将价值耦合子系统，划分为调用价值和应用价值两个要素维度。

3.1.4　政府开放数据系统的耦合框架

结合政府开放数据系统的耦合内涵、耦合特征和耦合构成，将其划分为三个耦合子系统，分别是开放耦合子系统、利用耦合子系统和价值耦合子系统。开放耦合子系统是利用耦合子系统的前提基础，价值耦合子系统是利用耦合子系统的最终目的，利用耦合子系统是开放耦合子系统和价值耦合子系统之间的中介桥梁。政府开放数据系统的耦合构成，如图3-1所示。

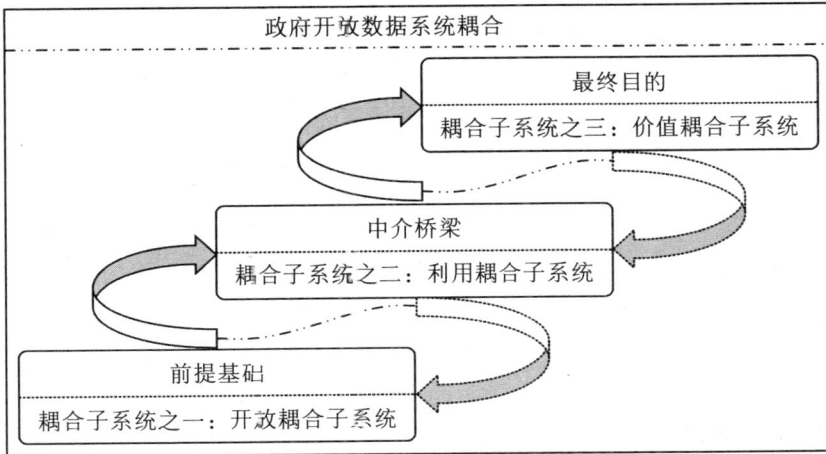

图 3-1　政府开放数据系统的耦合构成

3.2　政府开放数据系统的开放耦合分析

3.2.1　政府数据的开放内涵

政府数据的开放内涵，指的是由各政府部门牵头开放、各政务部门共同参与的数据开放过程。政府数据的开放耦合，指的是政府部门对其拥有的数据进行开放的过程中，各开放维度和开放指标之间的耦合情况。政府数据开放的目的，旨在让用户在开展数据资源的社会化开发和利用活动中，便捷地获取到易使用的、高质量的政府数据，推动数据资源的价值实现和价值增值，驱动重塑政务信息化架构下的新型政府形态。政府数据的开放是数据生命周期中最为基础的阶段，只有在开放的前提下，政府数据才能被用户利用，进而实现数据资源的价值。

3.2.2 政府数据的开放特征

（1）开放具有价值，尽可能开放

数据开放能够为社会和用户提供政府数据资源，有助于社会和用户借助数据资源进行各项开发和利用活动，实现数据资源的价值赋能和价值增值。数据是具有独特属性的资源，因此将数据视为资源就意味着它具有价值。然而，数据资源与土地、劳动力等其他传统资源在许多重要方面存在显著的差异。这些差异不仅体现在数据的无形性、易复制性、时效性等特点上，还体现在数据的产生、收集、处理、分析和应用等全生命周期的管理上。因此，对数据开放的管理方式也不一样，需要尽可能地开放数据。本书通过列举的具体方式，明确地界定了我国豁免公开的数据，从而清楚地界定了政府数据的开放边界和开放范围。

（2）开放具有风险，有必要加密

开放政府数据在便民利民、促进政务公开透明、推动社会经济发展等方面发挥着积极作用。然而，这一过程在带来诸多好处的同时，无形中加大了公众隐私泄露的风险。错误的、不完整的、过时的数据也明显隐藏着风险，因为它们提供了不正确的信息。当前，政府数据开放方面的隐私制度和安全体系尚未健全，我国还没有出台专门针对个人隐私保护的法律法规，政府数据开放更加注重实现公共利益和数据增量红利的最大化，相对忽视了公民的隐私安全问题。因此，政府数据在开放过程中需要注意审查开放的内容，主要包括拟公开的政府数据是否涉及国家秘密、商业秘密和个人隐私等。

3.2.3 政府数据的开放维度

政府数据开放平台为开放数据提供元数据，有助于数据利用者清楚地了解和理解数据集的内容与背景，从而更好地获取和利用数据。本书综合梳理了国内外政府数据开放平台上的数据集的元数据，主要包括数据名称字段、数据摘要字段、关键词字段、数据主题字段、下载格式字段、发布日期字段、更新频率字段、访问量字段、数据量字段等条目。这些元数据的字段大致为开放数量和开放质量两个维度，开放数量是体现数据集开放数量属性的条目，开放质量是体现数据集开放质量属性的条目，二者相结合，有助于数据利用者更好地了解数据结构与内容。

（1）开放数量维度

结合国内政府数据开放平台的实际情况以及政府开放数据的相关文献可知，体现数据集的开放数量属性的条目主要包括开放数据集数量、开放数据接口数量和开放数据容量等，是各平台开放的主要内容，可以直观地反映平台中政府数据的开放规模。

① 开放数据集数量。数据集是各政府数据门户网站最基本的开放内容，是由数据所组成的集合。开放数据集，是指政府数据门户网站中每一个主题类目下开放的数据集，不包含数据接口、数据目录、数据应用等其他开放资源。当前我国各地方政府数据开放平台中，直接提供数据集指标数据的平台占比较多。

② 开放数据接口数量。开放数据接口，是指政府部门为了满足用户的开发应用需求，在政府数据开放平台提供的数据接口。除了提供数据下载服务之外，大部分政府数据开放平台还提供数据接口（或称API接口）服务。与通过下载数据的方式获取数据集相比，API接口的数据利用者可以通过参数有选择性地获取所需的数据，用于特定的使用目的，以满足不同场景下的数据需求。

③ 开放数据容量。开放数据容量能够衡量各政府数据门户网站提供数据集的实际数据量的大小，是衡量数据开放规模的重要指标之

一。当前，我国的政府数据门户网站中直接提供开放数据容量指标的网站占比较少，主要集中在山东省及其下属市级单位的数据开放平台，其他网站则是提供跟开放数据容量有关的其他指标数据。

（2）开放质量维度

由国内政府数据开放平台的实际情况以及政府开放数据的相关文献可知，体现数据集开放质量属性的条目主要包括开放部门参与性、开放主题丰富性和开放格式多样性等，是各政府数据开放平台的核心要点，这从侧面反映了各平台政府数据的开放质量。

①开放部门参与性。开放部门是政府开放数据的主体。开放部门参与性，指的是政府数据开放平台上进行数据开放行为的政府部门的参与程度。政府数据开放由各个政府部门牵头，鼓励各政务部门积极参与、共同建设，以大数据治理下的数字政府建设为背景，以创新政府数据开放的系统架构为依托，以实现数字化政府服务形态的转变为目标。当前，在政府数据开放进程中，主要包括业务部门和统计部门两类开放部门，参与性较高的部门有统计局、卫生健康委员会、教育部、城建部、公安部、人社局、政务服务管理局等。参与政府数据开放进程的部门越多，政府数据的开放质量就越高。

②开放主题丰富性。开放主题是政府开放数据的领域。开放主题丰富性，指的是政府数据门户网站上所有数据主题的丰富程度。我国相关政策对政府数据的开放主题提出了明确要求，如《促进大数据发展行动纲要》中提出，要"优先推动信用、交通、医疗、卫生、就业、社保、地理、文化、教育、科技、资源、农业、环境、安监、金融、质量、统计、气象、海洋、企业登记监管等民生保障服务相关领域的政府数据集向社会开放"。开放主题越丰富，政府数据的开放质量就越高。

③开放格式多样性。开放格式是政府开放数据的形式载体。开放

格式多样性，指的是政府数据门户网站上数据格式的多样程度。关于开放格式的研究，聚焦于等级标准和可机读标准两个方面。在等级标准方面，万维网发明者Tim Berners-Lee提出了开放数据的五星评估标准。在可机读标准方面，数据应该以可机读的格式进行开放，该格式能够被计算机自动读取与处理，如XLS、CSV、JSON、XML等格式。开放格式多样性指标综合考量了等级标准和可机读标准两个方面，政府数据的开放格式越多样，政府数据的开放质量就越高。

3.2.4 政府开放数据系统的开放耦合框架

基于政府开放数据系统中开放耦合子系统的开放内涵、开放特征和开放维度，构建政府开放数据系统的开放耦合框架，如图3-2所示。

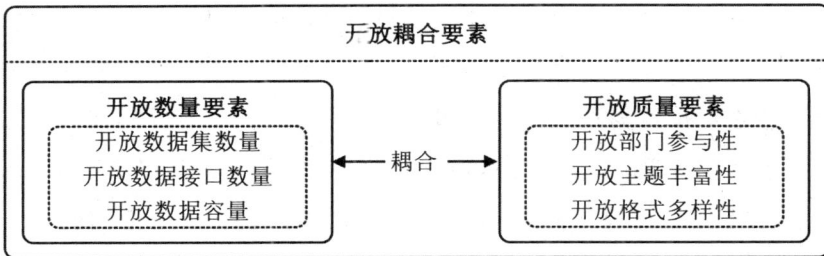

图3-2 政府开放数据系统的开放耦合

3.3 政府开放数据系统的利用耦合分析

3.3.1 政府数据的利用内涵

政府数据的利用内涵，涉及政府、企业和公众等多方主体，通过浏览、下载、评分等行为，实现开放数据的利用效益。政府数据的利用耦合，指的是用户在对开放数据进行利用的过程中，各个利用维度之间的耦合情况。2018年，《公共信息资源开放试点工作方案》中指出，以充分释放数据红利为目标，强调要促进数据资源的社会化利用，旨在进一步发挥数据规模优势，促进信息资源的规模化应用。2022年，《全国一体化政务大数据体系建设指南》中强调要建立和完善政务数据标准规范体系，加强数据汇聚融合、共享开放和开发利用。由此可见，政府相关政策文件在推动信息资源的开放与共享、提升政府服务效能与治理水平等方面有着共同的追求与着力点。

3.3.2　政府数据的利用特征

（1）利用主体具有多样性

政府开放数据是一个公共议题，其利用主体包括政府、企业和公众等参与方。其中，政府主体通过利用开放的数据，来转变行政模式，提高治理能力；企业主体通过利用开放的数据，来开展经济活动，创造经济价值；公众主体通过利用开放的数据，来转变生活方式，提高生活质量。不管是政府、企业，还是公众，都是基于自身需求，以不同方式对政府数据展开各种利用行为，创造不同的利用效益。

（2）利用方式具有多样性

政府数据的利用方式包括浏览、下载、调用和应用等行为。其中，浏览行为，指的是用户通过粗略扫描或者仔细阅读等方式，浏览政府数据门户网站上开放的数据。下载行为，指的是用户通过直接保存、第三方软件爬虫等方式，保存下载政府数据门户网站上开放的各类数据。调用行为，指的是用户通过API接口或者URL链接等方式，调用政府数据门户网站上开放的数据。应用行为，指的是用户通过应用程序开发或数据应用创新大赛等方式，应用政府数据门户网站上开放的数据。

（3）利用效益具有多样性

利用政府数据能够创造诸多效益，具体表现为：在经济效益方面，数据已成为经济发展的"新石油"，能够促进资源的有效配置、促进新一轮生产力的发展、推动数字经济的发展。在政治效益方面，政府数据的开放改变了政府传统封闭的行政模式，新常态下政府职能的转变能够使政府运行更加公开透明、政府行政更加合理高效、政府决策更加民主科学。在社会效益方面，政府数据的开放及其衍生的应用，能够在公众生活、交通运输、卫生健康等领域提供便利。

3.3.3 政府数据的利用维度

（1）浏览行为维度

浏览行为维度，是指用户通过粗略扫描、仔细阅读等方式，浏览政府数据门户网站上开放的数据。浏览行为要素包括数据浏览量、数据浏览率、单一样本浏览率和整体样本浏览率四个方面。数据浏览量，指的是政府数据门户网站上每一条数据的浏览次数之和，即用户对同一数据的多次访问的浏览量累加。数据浏览率，指的是政府数据门户网站上所有数据的浏览次数总量与开放数据集总量的比值。单一样本浏览率，指的是某一平台网站上的数据集浏览量之和与数据集总量之间的比值。整体样本浏览率，指的是单一样本浏览率与单一样本浏览率总和之间的比值。

（2）下载行为维度

下载行为维度，是指用户通过直接保存或者第三方软件爬虫等方式，下载政府数据门户网站上开放的数据。数据的下载行为要素包括数据下载量、数据下载率、单一样本下载率、整体样本下载率四个方面。数据下载量，指的是政府数据门户网站上每一条数据的下载次数之和。数据下载率，指的是政府数据门户网站上所有数据的总下载次数与开放数据集总量的比值。单一样本下载率，指的是某一平台网站上的数据集下载量之和与数据集总量之间的比值。整体样本下载率，指的是单一样本下载率与单一样本下载率总和之间的比值。

3.3.4 政府开放数据系统的利用耦合框架

基于政府开放数据系统中利用耦合子系统的利用内涵、利用特征和利用维度，构建政府开放数据系统的利用耦合框架，如图3-3所示。

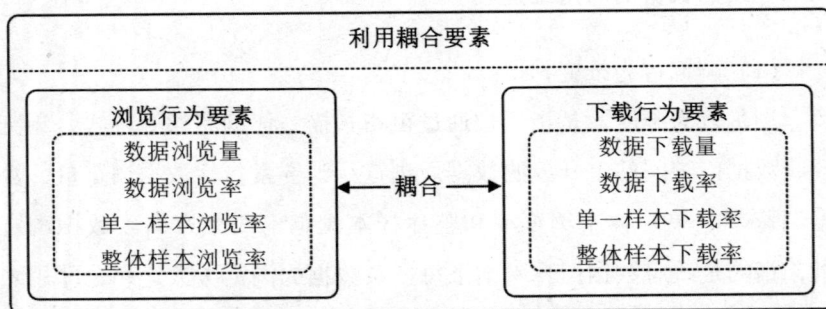

图3-3 政府开放数据系统的利用耦合

3.4 政府开放数据系统的价值耦合分析

3.4.1 政府数据的价值内涵

政府数据的价值内涵，是指政府数据在被利用之后所产生的实际价值，具体包括经济、政治和社会生活多个方面。政府数据的价值耦合，指的是政府数据所产生的实际价值中，各个价值维度之间的耦合情况，包括调用价值和应用价值。政府数据的价值采用经济术语来表述，虽然有用于度量数据定性和定量价值的技术，但是还没有一个统一的标准。想要对数据资源作出更好的决策，需要开发一套统一的方法和标准体系量化数据的介值。2020年，《关于构建更加完善的要素市场化配置体制机制的意见》中提出要提升数据资源价值。这意味着数据是重要的要素资源，蕴含着潜在价值，需要对数据价值展开深度研究。

3.4.2 政府数据的价值特征

（1）经济性

政府数据的开放有利于转变经济发展方式，激发市场活力。数据已经成为经济发展的"新石油"，是提高竞争力、促进社会创新、创造就业机会、推动经济增长和社会进步的重要资源。政府数据价值的经济特性体现在，通过有效配置数据资源，推动新一轮生产力的发展、推动数字经济的发展。政府通过开放拥有和掌握的数据，使数据利用者将政府数据与社会数据相整合，开发出新的数据产品和服务，推动经济的可持续发展。

（2）政治性

政府数据的开放，有利于转变传统的政府治理模式，提升政府服务能力。政府数据价值的政治特性体现在，通过开放的方式，能够使政府运行更加公开透明、政府行政更加合理高效、政府决策更加民主科学。通过数据开放和数据共享，打破信息壁垒和信息孤岛，促进多个主体之间的协调合作、数字政府的建设和政府的数字化治理。

（3）社会性

政府数据的开放，有利于转变社会生活方式，提高公众生活质量。政府开放数据价值的社会性体现在：第一，在公众生活领域，大量有效数据的开放、共享和使用为居民日常生活带来了便利；第二，在交通运输领域，随着政府数据的不断开放，为公众日常出行提供了便利；第三，在卫生健康领域，政府数据的开放提高了人群的健康、福祉，降低了死亡率。

3.4.3 政府数据的价值维度

政府数据的价值，指的是数据资源开放和利用之后产生的调用价值和应用价值，能够反映社会经济现象在不同时期的规模及水平。据此，将政府数据的价值维度划分为调用价值维度和应用价值维度。

（1）调用价值维度

调用价值维度，是指用户通过 API 接口、URL 链接等方式，调用政府数据门户网站上开放的数据的情况。调用价值要素包括数据调用量、数据调用率、单一样本调用率和整体样本调用率四个方面。数据调用量，指的是政府数据门户网站上每一条数据或接口的调用次数之和。数据调用率，指的是政府数据门户网站上的所有数据的调用次数总量与开放数据集总量的比值。单一样本调用率，指的是某一平台网站上的数据集调用量之和与数据集总量之间的比值。整体样本调用率，指的是单一样本调用率与单一样本调用率总和之间的比值。

（2）应用价值维度

应用价值维度，是指用户通过程序开发、数据应用创新大赛等方式，应用政府数据门户网站上开放的数据的情况。应用价值要素包括数据应用量、数据应用率、单一样本应用率和整体样本应用率四个方面。数据应用量，指的是政府数据门户网站上开发的应用数量之和。

数据应用率，指的是政府数据门户网站上所有开发应用总数与开放数据集总量的比值。单一样本应用率，指的是某一平台网站上的数据集应用量之和与数据集总量之间的比值。整体样本应用率，指的是单一样本应用率与单一样本应用率总和之间的比值。

3.4.4　政府开放数据系统的价值耦合框架

基于政府开放数据系统中价值耦合子系统的价值内涵、价值特征和价值维度，构建政府开放数据系统的价值耦合框架，如图3-4所示。

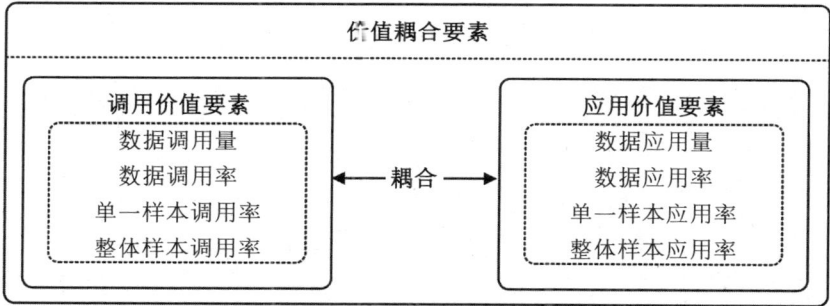

图3-4　政府开放数据系统的价值耦合

3.5　本章小结

政府开放数据系统覆盖了从政府部门开放数据到用户利用数据，再到数据价值实现的全过程。首先，根据政府开放数据系统的耦合内涵、耦合特征和耦合构成，绘制出政府开放数据系统的开放耦合子系统框架、利用耦合子系统框架、价值耦合子系统框架；其次，依次根据政府开放数据系统中各子系统的内涵、特征和维度，构建政府开放数据系统的耦合框架，如图3-5所示。

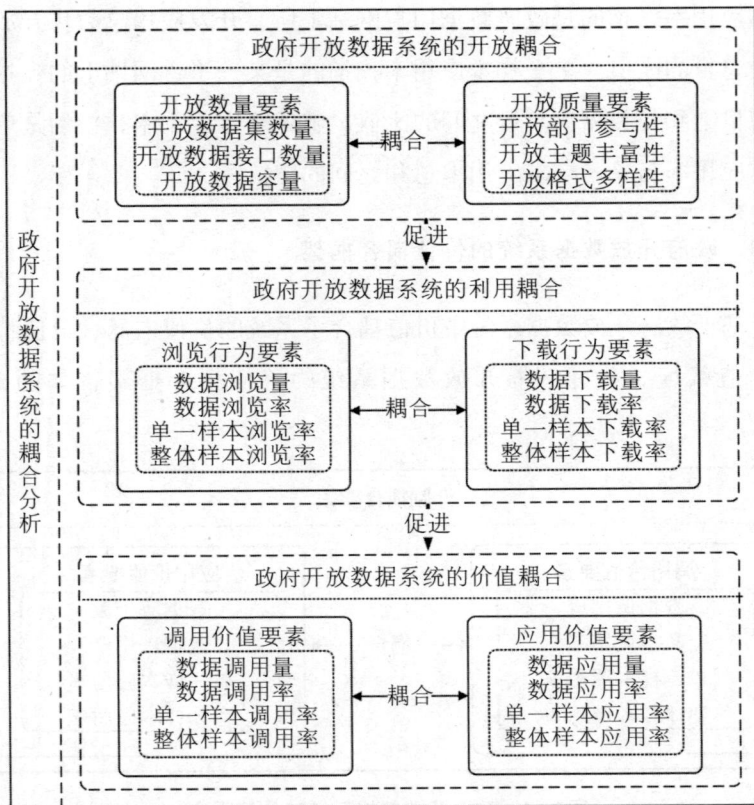

图 3-5　政府开放数据系统的耦合框架

4

政府开放数据系统的开放耦合机制分析

政府开放数据系统中，开放耦合子系统是利用耦合子系统和价值耦合子系统的前提基础。政府所掌握和拥有的数据只有在开放的前提下，才能被用户利用，进而实现数据价值。在政府数据开放进程中，数据的开放数量越多，数据的开放规模就越大；数据的开放质量越高，数据的开放程度就越深。开放数量要素和开放质量要素之间的耦合度越高，越有利于用户对开放数据进行浏览、下载等利用行为以及实现数据调用、应用等价值赋能。

4.1 政府开放数据系统的开放耦合指标体系

4.1.1 开放数量要素的研究指标

（1）开放数据集数量

数据集，是指由数据所组成的集合，通常以表格形式出现，每一"列"代表一个特定变量，每一"行"代表一个样本单位。开放数据集，是指政府数据开放平台上可以通过直接下载方式公开获取的、电子形式的原始数据集及其相关信息，既不包括平台上的数据应用产品，又不包括以内部授权、协议开放等形式开放的数据。开放数据集数量，是指从各个政府数据开放平台上可以通过数据爬虫等方式获取得到的数据集的总和。

现有政府数据平台的数据集开放情况为：①多数网站专门设立了数据集栏目；②少数网站在提供的数据目录中以数据集的方式开放。据此，开放数据集数量的计算方式为：①针对专门设立了数据集栏目的网站，统计爬取的数据集数量；②针对在数据目录中以数据集方式开放的网站，筛选数据目录中的数据集数量。

（2）开放数据接口数量

数据接口（data interface），是指通过参数可以实时高效地获取所需的数据，尤其适用于开发应用程序的需求。开放数据接口，是指政府数据开放平台面向用户提供的应用程序的编程接口，能够方便用户对政府数据进行深度利用。开放数据接口数量，指的是政府数据开放平台上开放的数据接口、API接口、应用程序接口等的个数总和。

现有的政府数据平台的数据接口开放情况为：①多数网站专门设立了数据接口栏目；②少数网站在提供的数据集中以数据接口的方式开放；③少数网站将数据接口链接嵌入在数据集详情中。据此，开放数据接口数量的计算方式为：①针对专门设立数据接口栏目的网站，统计爬取的数据接口数量；②针对在数据集中以数据接口方式开放的网站，筛选数据集中的数据接口数量；③针对数据接口链接嵌入在数据集详情的网站，数据接口数量=数据集数量。

（3）开放数据容量

数据容量，指的是数据集的实际数据量大小。开放数据容量，指的是政府数据开放平台上可下载的、结构化的、各个时间批次开放的数据集的实际数据量，即每条数据集的条数（行数，即数据量）乘以字段数（列数），并求和所得的数据总量。

现有的政府数据平台的数据容量开放情况为：①多数网站专门设立了数据容量栏目；②少数网站未提供数据容量。据此，开放数据容量的计算方式为：①针对专门设立数据容量栏目的网站，统计爬取的数据容量；②针对未提供数据容量的网站，数据容量=每条数据集的开放数据条数×元数据的字段数，并求和所得的数据总量。

4.1.2 开放质量要素的研究指标

（1）开放部门参与性

开放部门参与性不仅反映了地方政府各个部门在推动数据开放工作过程中的活跃程度与投入力度，还直观展现了政府数据向公众开放的广泛性和部门级数据的质量水平。这一指标是衡量政府数据开放整体效能的关键要素之一。开放部门参与性的统计方式是，政府数据开放平台上参与数据开放行为的政府部门的个数。

现有政府数据开放平台的开放部门的参与性的情况为：①多数网站开放了"提供部门""部门名称""来源部门""提供机构""提供单位"等与部门相关的元数据字段，直观反映了政府部门在开放数据进程中的参与情况；②少数网站在开放的元数据字段中未提供与部门相关的元数据字段。据此，开放部门参与性的计算方式为：①针对提供了与开放部门相关的元数据字段的网站，统计爬取的开放部门数量；②针对未提供与开放部门相关的元数据字段的网站，标记为0。

（2）开放主题丰富性

开放主题丰富性反映了政府数据的开放领域，有利于提高数据开放的广度和覆盖面，有利于数据利用者充分获取和融合来自多个领域的数据，进行深度的挖掘利用。开放主题丰富性的统计方式是，政府数据开放平台上政府数据的开放主题的个数。

现有政府数据平台的开放主题丰富性的情况为：①多数网站开放了"数据主题""数据领域"等与主题相关的元数据字段，直观反映了开放主题在开放数据进程中的丰富情况；②少数网站在开放的元数据字段中未提供与主题相关的元数据字段。据此，开放主题丰富性的计算方式为：①针对提供了与主题相关的元数据字段的网站，统计爬取的开放主题数量；②针对未提供与主题相关的元数据字段的网站，标记为0。

（3）开放格式多样性

开放格式多样性既体现了政府数据的开放深度和开放灵活度，又反映了政府数据可利用的程度，有利于数据集以开放的、非专属的格式提供给数据利用者，保障任何实体不在格式上排除其他用户使用数据的权利，确保了数据无须通过某个特定应用程序才能访问。开放格式多样性的统计方式是，政府数据开放平台上政府数据的开放格式的个数。

现有政府数据平台的开放格式多样性的情况为：①多数网站开放了"数据格式""数据下载格式""资源格式""文件格式"等与格式相关的元数据字段，直观反映了政府数据开放进程中数据格式的多样性；②少数网站在开放的元数据字段中未提供与格式相关的元数据字段。据此，开放格式多样性的计算方式为：①针对提供了与开放格式相关的元数据字段的网站，统计爬取的开放格式数量；②针对未提供与开放格式相关的元数据字段的网站，标记为0。

4.2　政府开放数据系统的开放耦合函数

4.2.1　数据开放子系统的功效函数

功效函数是建立耦合函数的基础，既可以通过数据标准化消除量纲、数量级和属性差异，又可以反映各要素及各子系统的变化对整个系统演化的贡献程度。功效函数分为正功效函数和负功效函数。正功效函数用于计算指标越大越好的正向指标，负功效函数用于计算指标越小越好的负向指标。研究假设，x_{ij}（$i=1$，2，...，m；$j=1$，2，...， n）为第 i 个子系统及要素的第 j 个指标的数值，即序参量；$\max x_{ij}$ 和 $\min x_{ij}$ 分别代表系统稳定临界点上序参量 x_{ij} 的最大值和最小值；U_{ij} 代表序参量 x_{ij} 对耦合模型的功效贡献度，可以反映各指标达成的目标满意程度，即 U_{ij} 越接近于 1，表明目标满意程度越高；U_{ij} 越接近于 0，表明目标满意程度越低，$U_{ij} \in [0, 1]$。

正功效函数为：

$$U_{ij} = \frac{x_{ij} - \min x_{ij}}{\max x_{ij} - \min x_{ij}} \tag{4-1}$$

负功效函数为：

$$U_{ij} = \frac{\max x_{ij} - x_{ij}}{\max x_{ij} - \min x_{ij}} \tag{4-2}$$

据此，开放数量要素和开放质量要素中各研究指标的功效函数如公式（4-3）和公式（4-4）所示。政府数据的开放耦合子系统中各研究指标存在部分研究指标的数值较小的情况，甚至数值为 0 的情况。为了避免指标数值的无意义，在数据处理的结果后面统一加上一个正数，本书采用在处理结果后面加上 0.001 的方法进行平移化处理。其中，i（i=1，2）指的是开放耦合子系统中的各开放要素，包括开放数量要素和开放质量要素；j（j=1，2，3）指的是开放要素中的各项指标，即在开放数量要素中是指开放数据集数量、开放数据接口数量和开放数据容量；在开放质量要素中指的是开放部门参与性、开放主题丰富性和开放格式多样性；$x_{ij}^{开放}$（i=1，2；j=1，2，3）表示开放耦合子系统中第 i 个要素的第 j 个指标的数值，$\max x_{ij}^{开放}$ 和 $\min x_{ij}^{开放}$ 分别表示开放耦合子系统中序参量 $x_{ij}^{开放}$ 的最大值和最小值，$U_{ij}^{开放}$ 表示开放耦合子系统中序参量 $x_{ij}^{开放}$ 对子系统的功效贡献度。

开放耦合子系统中的正功效函数为：

$$U_{ij}^{\text{开放}} = \left(\frac{x_{ij}^{\text{开放}} - \min x_{ij}^{\text{开放}}}{\max x_{ij}^{\text{开放}} - \min x_{ij}^{\text{开放}}} \right) \times 0.999 + 0.001 \qquad (4-3)$$

开放耦合子系统中的负功效函数为：

$$U_{ij}^{\text{开放}} = \left(\frac{\max x_{ij}^{\text{开放}} - x_{ij}^{\text{开放}}}{\max x_{ij}^{\text{开放}} - \min x_{ij}^{\text{开放}}} \right) \times 0.999 + 0.001 \qquad (4-4)$$

4.2.2　数据开放子系统的指标权重函数

指标权重的计算方法可分为主观赋权法和客观赋权法。主观赋权法是指采取定性的方式，由专业人士通过打分、评分等方式，以个人主观经验对不同指标进行赋权的一种方法，它在凝结着专家智慧的同时，也存在不够客观的缺点。主观赋权法主要包括专家打分法、层次分析法等。客观赋权法是专家根据数据本身的差异得到的，它客观、动态地反映了指标数值的变化情况。客观赋权法主要包括因子分析法、熵权法、变异系数法等。

其中，变异系数法是在指标数据经过类型一致化和无量纲化处理后，通过计算指标数据的标准差与平均数的比值来衡量观测数值的差异化程度，从而得出指标权重的一种有效的客观赋权方法。变异系数法能够反映单位均值上的离散程度，可以消除单位或者平均数不同对多个样本变异程度比较的影响。在评估指标体系中，变异系数法能够直接利用各项指标所包含的信息，通过计算得到指标的权重。据此，本书采用变异系数法确定开放耦合评价体系的各指标权重。基于指标无量纲化的变异系数计算及赋权公式，如公式（4-5）和公式（4-6）所示。其中，V_i 表示第 i 个指标的变异系数，σ_i 表示第 i 个指标的标准差，$\bar{x}_i$ 表示第 i 个指标的平均数，W_i 表示第 i 个指标的权重。

$$V_i = \frac{\sigma_i}{\bar{x}_i} \qquad (4-5)$$

$$W_i = \frac{V_i}{\sum_{i=1}^{n} V_i}, \quad \sum_{i=1}^{n} W_i = 1 \tag{4-6}$$

据此，在开放耦合子系统中，开放数量要素和开放质量要素的各项指标的变异系数和权重函数如公式（4-7）和公式（4-8）所示。其中，i（i=1，2）指的是开放耦合子系统中的开放数量要素和开放质量要素；j（j=1，2，3）指的是开放数量要素和开放质量要素中的各项指标，即在开放数量要素中指的是开放数据集数量、开放数据接口数量和开放数据容量，在开放质量要素中指的是开放部门参与性、开放主题丰富性和开放格式多样性；$x_{ij}^{开放}$（i=1，2；j=1，2，3）是开放耦合子系统中第i个要素的第j个指标的数值，$\overline{x_{ij}^{开放}}$指的是开放耦合子系统中第i个要素的第j个指标的平均数，$\sigma_{ij}^{开放}$指的是开放耦合子系统中第i个要素的第j个指标的标准差，$V_{ij}^{开放}$指的是开放耦合子系统中第i个要素的第j个指标的变异系数，$W_{ij}^{开放}$指的是开放耦合子系统中第i个要素的第j个指标的权重。

$$V_{ij}^{开放} = \frac{\sigma_{ij}^{开放}}{\overline{x_{ij}^{开放}}} \tag{4-7}$$

$$W_{ij}^{开放} = \frac{V_{ij}^{开放}}{\sum_{i=1}^{n} V_{ij}^{开放}}, \quad \sum_{i=1}^{n} W_i^{开放} = 1 \tag{4-8}$$

4.2.3 数据开放子系统的综合评价函数

综合评价指数能够衡量子系统和各要素的发展水平，评价子系统和各要素的综合现状。现有的关于综合评价函数常用的计算方法包括几何平均法和线性加权法，本书选用线性加权法进行综合测度。设F_i为第i个要素及子系统的综合评价指数，具体算法如公式（4-9）所示。其中，U_{ij}为功效系数，W_{ij}为指标权重。

$$F_i = \sum_{j=1}^{n} W_{ij} U_{ij} \ (i = 1, \ 2, \ \cdots, \ m \ ; \ j = 1, \ 2, \ \cdots, \ n) \tag{4-9}$$

据此，在开放耦合子系统中，开放数量要素和开放质量要素的综合评价函数如公式（4-10）所示。其中，i（i=1，2）指的是开放耦合子系统中的各开放要素，即开放数量要素和开放质量要素；j（j=1，2，3）指的是开放要素中的各项指标，在开放数量要素中指的是开放数据集数量、开放数据接口数量和开放数据容量，在开放质量要素中指的是开放部门参与性、开放主题丰富性和开放格式多样性；$W_{ij}^{开放}$（i=1，2；j=1，2，3）表示开放耦合子系统中第 i 个要素的第 j 个指标的权重，$U_{ij}^{开放}$（i=1，2；j=1，2，3）表示开放耦合子系统中第 i 个要素的第 j 个指标的功效系数，$F_i^{开放}$（i=1，2）表示开放耦合子系统中第 i 个要素的综合评估指数。

$$F_i^{开放} = \sum_{j=1}^{n} W_{ij}^{开放} U_{ij}^{开放} \ (i = 1, \ 2 \ ; \ j = 1, \ 2, \ 3) \tag{4-10}$$

4.2.4　数据开放子系统的耦合度函数

耦合度常被用于度量系统之间相互影响和依赖的程度。物理学科中的耦合度模型如公式（4-11）所示。其中，C_n 代表 n 个系统的耦合度，n 表示系统个数，F_1，F_2，…，F_n 代表系统某评价单元的综合评价指数。

$$C_n = \left\{ \frac{(F_1 \times F_2 \times \cdots \times F_n)}{\prod (F_1 + F_2 + \cdots + F_n)} \right\}^{\frac{1}{n}} \tag{4-11}$$

根据物理学科中的耦合度计算公式，推导出开放耦合子系统中开放数量要素和开放质量要素之间的耦合度函数，如公式（4-12）所示。其中，$C_{开放}$ 为开放数量要素和开放质量要素之间的耦合度，表示两个要素之间的交互作用和协同效应；$F_{数量}$ 代表开放数量要素的综合评价指数及其对耦合模型的贡献度；$F_{质量}$ 代表开放质量要素的综合评价指数及其对耦合模型的贡献度。$C_{开放}$ 值越大，表明政府数据的开放耦程度越高。

$$C_{开放} = \left[\frac{(F_{数量} \times F_{质量})}{(F_{数量} + F_{质量})(F_{数量} + F_{质量})} \right]^{\frac{1}{2}} \tag{4-12}$$

参考已有文献，开放耦合度 C 的等级评判标准见表 4-1。

表 4-1　　　　　　　　　　**开放耦合度 C 的等级评判标准**

取值范围	对应阶段	阶段说明
$0 < C \leqslant 0.2$	低水平耦合	开放数量要素和开放质量要素之间低度耦合
$0.2 < C \leqslant 0.5$	拮抗耦合	开放数量要素和开放质量要素之间拮抗耦合
$0.5 < C \leqslant 0.8$	磨合耦合	开放数量要素和开放质量要素之间磨合耦合
$0.8 < C \leqslant 1$	高水平耦合	开放数量要素和开放质量要素之间高度耦合

4.2.5　数据开放子系统的协调度函数

耦合度 C 只能够判定系统间相互作用的强弱程度和耦合紧密程度，无法描述系统间的协调发展程度和实际互动程度。因此，需要在耦合度模型的基础上建立耦合协调度模型，旨在通过更为细致和全面的分析，准确衡量各子系统在实际运行过程中的互动程度。物理学科中的耦合协调度模型如公式（4-13）和公式（4-14）所示。其中，D 为各子系统之间的耦合协调度；C 为耦合度；T 为贡献度，反映了政府开放数据利用行为的整体协同效应或贡献；α，β，...，γ 为待定的系统耦合协调度系数；F_1，F_2，...，F_n 代表系统某个评价单元的综合评价指数。

$$D = \sqrt{C \times T} \tag{4-13}$$

$$T = \alpha F_1 + \beta F_2 + \cdots + \gamma F_n \tag{4-14}$$

同样借鉴物理学科中的协调度模型，推导出开放数量要素和开放质量要素之间的耦合协调度函数，如公式（4-15）和公式（4-16）所示。其中，$D_{开放}$为开放数量要素和开放质量要素之间的耦合协调度；$C_{开放}$为开放数量要素和开放质量要素之间的耦合度；$T_{开放}$为开放数量要素和开放质量要素之间的贡献度，反映了政府数据开放耦合的整体协同效应或贡献；α为开放耦合子系统中开放数量要素的协调度系数；β为开放耦合子系统中开放质量要素的协调度系数；$F_{数量}$为开放耦合子系统中开放数量要素的综合评价指数；$F_{质量}$为开放耦合子系统中开放质量要素的综合评价指数。

$$D_{开放} = \sqrt{C_{开放} \times T_{开放}} \tag{4-15}$$

$$T_{开放} = \alpha F_{数量} + \beta F_{质量} \tag{4-16}$$

参考已有文献，开放协调度 D 的等级评判标准见表4-2。

表4-2　　　　　　　　　**开放协调度 D 的等级评判标准**

取值范围	对应阶段	阶段说明
$0<D\leqslant0.2$	低度协调	开放数量要素和开放质量要素之间低度协调
$0.2<D\leqslant0.5$	中度协调	开放数量要素和开放质量要素之间中度协调
$0.5<D\leqslant0.8$	良性协调	开放数量要素和开放质量要素之间良性协调
$0.8<D\leqslant1$	高度协调	开放数量要素和开放质量要素之间高度协调

4.3　湖北省政府开放数据系统的开放耦合实证分析

4.3.1　数据开放子系统的数据获取与处理

（1）开放耦合的研究样本

基于我国政府数据开放现状，已有的政府数据开放平台分为集中专有式平台和统一嵌入式平台两种类型。其中，集中专有式平台多以"data.gov.cn"为域名，因此以"data.gov.cn"为域名对集中专有式平台进行搜索。而统一嵌入式平台的数据嵌入在政府网站栏目中，因此在对应的政府网站的数据开放栏目中进行搜索。截至2024年年底，湖北省17个地级行政区中有15个地市级政府建立了地方性数据开放平台，荆州市和神农架林区的数据开放平台暂未上线，因此剔除这两个区域，保留剩余的15个政府数据开放平台作为研究样本。湖北省政府数据开放平台及研究样本，见表4-3。

表4-3　　　　　　湖北省政府数据开放平台及研究样本

平台区域	行政级别	平台名称	平台类型
湖北省武汉市	副省级	武汉市公共数据开放平台	样本
湖北省襄阳市	地市级	襄阳市人民政府公共数据开放平台	样本
湖北省宜昌市	地市级	宜昌市公共数据开放平台	样本
湖北省荆州市	地市级	暂未上线	剔除
湖北省孝感市	地市级	孝感市数据开放平台	样本
湖北省黄冈市	地市级	黄冈市人民政府公共数据开放平台	样本
湖北省十堰市	地级市	十堰市人民政府公共数据开放平台	样本
湖北省荆门市	地市级	荆门市公共数据开放平台	样本
湖北省黄石市	地市级	黄石市数据开放平台	样本
湖北省咸宁市	地市级	咸宁市人民政府公共数据开放平台	样本
湖北省恩施州	地市级	恩施州公共数据开放平台	样本
湖北省随州市	地市级	随州市公共数据开放平台	样本
湖北省鄂州市	地市级	鄂州市人民政府数据开放平台	样本
湖北省仙桃市	地市级	仙桃市数据开放平台	样本
湖北省潜江市	地市级	潜江市人民政府公共数据开放平台	样本
湖北省天门市	地市级	天门市公共数据开放平台	样本
湖北省神农架林区	地市级	暂未上线	剔除

（2）研究样本的指标统计

基于上述评估框架，主要采用数据爬虫和人工观察的方法采集数据。对采集到的各项指标数据进行统计分析，主要是获取政府数据开放平台上开放数据集数量、开放数据接口数量、开放数据容量的指标概况以及开放部门参与性、开放主题丰富性、开放格式多样性的指标概况。将各平台上出现的以下三种情况视为无效的指标数据：一是指标数据名称下不存在可直接下载或获取的数据；二是指标数据名称下提供的网页链接无效；三是指标数据名称下为0行数据（即空值）。此外，将各平台上出现的以下三种情况视为有效的指标数据：一是同样名称的指标数据重复出现；二是平台上标注的指标数据名称不同，但实际下载后具有相同的名称和内容；三是同一个指标数据被分拆成多个数据结构相同的指标数据。

（1）开放数量要素的指标统计

湖北省15个政府数据平台的开放数据集数量、开放数据接口数量、开放数据容量，见表4-4。其中，开放数据集数量排名前三的政府数据开放平台依次为襄阳市、武汉市、宜昌市；开放数据接口数量排名前三的政府数据开放平台依次为襄阳市、武汉市、十堰市；开放数据容量排名前三的政府数据开放平台依次为武汉市、仙桃市、襄阳市。由此可见，开放数据集数量、开放数据接口数量、开放数据容量较好的平台之间，交叉重叠性较高。

表4-4　　　湖北省各样本平台的开放数据集数量、
开放数据接口数量、开放数据容量

样本平台	开放数据集数量	开放数据接口数量	开放数据容量
武汉市	1 339	1 023	46 558 382
襄阳市	1 862	1 459	2 221 366

样本平台	开放数据集数量	开放数据接口数量	开放数据容量
宜昌市	604	123	976 919
孝感市	513	513	263 169
黄冈市	90	90	8 100
十堰市	582	582	338 724
荆门市	577	21	10 556
黄石市	17	20	265
咸宁市	20	4	80
恩施州	23	4	27
随州市	467	3	20 548
鄂州市	204	7	34 680
仙桃市	100	2	3 716 200
潜江市	29	0	841
天门市	77	24	1 848

（2）开放质量要素的指标统计

湖北省15个政府数据平台的开放部门参与性、开放主题丰富性和开放格式多样性，见表4-5。其中，开放部门参与性排名前三的政府数据开放平台依次为武汉市、仙桃市、宜昌市；开放主题丰富性排名前三的政府数据开放平台依次为荆门市、宜昌市、黄石市；开放格式多样性排名靠前的政府数据开放平台包括武汉市、宜昌市、荆门市、仙桃市、鄂州市、随州市、孝感市。由此可见，开放部门参与性、开放主题丰富性、开放格式多样性较好的平台之间互有交叉。

表4-5　　　　　　　　湖北省各样本平台的开放部门参与性、
　　　　　　　　　　开放主题丰富性、开放格式多样性

样本平台	开放部门参与性	开放主题丰富性	开放格式多样性
武汉市	60	19	6
襄阳市	38	19	5
宜昌市	45	22	6
孝感市	8	10	6
黄冈市	21	21	1
十堰市	15	14	1
荆门市	34	23	6
黄石市	24	22	1
咸宁市	4	1	1
恩施州	14	19	5
随州市	44	12	6
鄂州市	30	20	6
仙桃市	46	21	6
潜江市	16	11	2
天门市	12	10	1

4.3.2　数据开放子系统的功效系数与指标权重分析

（1）开放数量要素与开放质量要素的功效系数

　　根据前文的功效函数及其平移化处理公式，计算得到湖北省各样本平台中各项指标的功效系数，见表4-6。几何平均数作为统计学中最基本、最常用的一种平均指标，主要适用于数值型数据，能够反映样本数据总体的特点。据此，研究采用几何平均法分析数据开放子系统的开放数量要素和开放质量要素中各项指标的开放情况。

表4-6　　　　　湖北省各样本平台中各项指标的的功效系数

样本平台	U数据集	U数据接口	U数据容量	U开放部门参与性	U开放主题丰富性	U开放格式多样性
武汉市	0.716814634	0.701464016	1	1	0.818363636	1
襄阳市	1	1	0.048663146	0.607535714	0.818363636	0.8002
宜昌市	0.318839024	0.085220014	0.021961117	0.732410714	0.954590909	1
孝感市	0.269565854	0.352259082	0.006646223	0.072357143	0.409681818	1
黄冈市	0.040526829	0.0626244	0.001173222	0.304267857	0.909181818	0.001
十堰市	0.306926829	0.399504455	0.008267402	0.197232143	0.591318182	0.001
荆门市	0.304219512	0.015379027	0.00122592	0.536178571	1	1
黄石市	0.001	0.014694311	0.001005107	0.357785714	0.954590909	0.001
咸宁市	0.00262439	0.003738862	0.001001137	0.001	0.001	0.001
恩施州	0.00424878	0.003738862	0.001	0.179392857	0.818363636	0.8002
随州市	0.244658537	0.003054147	0.001440318	0.714571429	0.5005	1
鄂州市	0.102253659	0.005793009	0.001743547	0.464821429	0.863772727	1
仙桃市	0.045941463	0.002369431	0.080737715	0.75025	0.909181818	1
潜江市	0.007497561	0.001	0.001017466	0.215071429	0.455090909	0.2008
天门市	0.033487805	0.017433173	0.001039073	0.143714286	0.409681818	0.001

开放数量要素中，整体样本中开放数据集数量的功效系数

（0.226573659）大于开放数据接口数量的功效系数（0.177884853）和开放数据容量的功效系数（0.078461426）。就整体而言，我国政府数据开放进程中，数据集的开放情况高于数据接口和数据容量的开放情况。

开放质量要素中，整体样本中开放主题丰富性的功效系数（0.694245455）大于开放格式多样性的功效系数（0.58708）和开放部门参与性的功效系数（0.418439286）。就整体而言，我国政府数据开放进程中，主题丰富性的开放情况优于格式多样性和部门参与性的开放情况。

标准差能够体现各样本平台在该项指标上得分的离散程度。标准差较大，说明各平台在该项指标上存在较大的差异；标准差较小，说明各平台在该项指标上存在较小的差异。据此，基于各项指标的功效系数，可以计算出相应的标准差。

开放数量要素中，开放数据集数量、开放数据接口数量、开放数据容量的标准差分别为0.280-92041、0.295873261、0.247272007。由此可知，湖北省各政府数据开放平台在开放数据集数量、开放数据接口数量和开放数据容量方面的差异较小。

开放质量要素中，开放部门参与性、开放主题丰富性、开放格式多样性的标准差分别为0.285190615、0.276196127、0.45833189。由此可知，湖北省各政府数据开放平台在开放部门的参与性和开放主题丰富性方面存在较小的差异，而在开放格式多样性方面存在较大的差异性。

（2）开放数量要素和开放质量要素的指标权重

根据前文的变异系数函数和权重计算公式，分别计算各项指标的变异系数，进而计算出开放数量要素和开放质量要素的各项指标权重，见表4-7和表4-8。

表4-7 开放数量要素的各项指标权重

研究指标	开放数据集数量	开放数据接口数量	开放数据容量
标准差	0.280492041	0.295873261	0.247272007
平均数	0.226573659	0.177884853	0.078461426
变异系数	1.237972866	1.663285306	3.151510483
变异系数之和	6.052768655	6.052768655	6.052768655
研究指标权重	0.204530015	0.274797436	0.520672549

表4-8 开放质量要素的各项指标权重

研究指标	开放部门参与性	开放主题丰富性	开放格式多样性
标准差	0.285190615	0.276196127	0.45833189
平均数	0.418439286	0.694245455	0.58708
变异系数	0.681557934	0.397836421	0.780697503
变异系数之和	1.860091858	1.860091858	1.860091858
研究指标权重	0.366410901	0.213879986	0.419709113

由表4-7和表4-8可知，在开放数量要素中，开放数据集数量的指标权重为0.204530015，开放数据接口数量的指标权重为0.274797436，开放数据容量的指标权重为0.520672549，指标权重之和为1；在开放质量要素中，开放部门参与性的指标权重为0.366410901，开放主题丰富性的指标权重为0.213879986，开放格式多样性的指标权重为0.419709113，指标权重之和为1。

4.3.3 数据开放子系统的综合评价分析

在开放耦合子系统中，由于开放数量要素和开放质量要素属于彼此不同但又相互作用的两大要素，因此应对各要素和子系统有序程度的综合贡献水平进行评价。首先，分别计算出开放数据集数量、开放数据接口数量和开放数据容量的总功效值，得到开放数量要素的综合评价指数；其次，分别计算出开放部门参与性、开放主题丰富性和开放格式多样性的总功效值，得到开放质量要素的综合评价指数；最后，基于开放数量要素和开放质量要素的综合评价指数，计算出开放耦合模型的综合评价指数，再根据前文的综合评价函数公式，分别计算出湖北省样本平台开放数量要素和开放质量要素的综合评价指数，见表4-9、如图4-1所示。

表4-9　　　　　湖北省各样本平台开放数量要素和
开放质量要素的综合评价指数

样本平台	开放数量要素综合评价指数	开放质量要素综合评价指数
武汉市	0.86004317	0.961151617
襄阳市	0.504665015	0.733490544
宜昌市	0.100064942	0.892240273
孝感市	0.155394706	0.5338443
黄冈市	0.026108842	0.306362564
十堰市	0.175863158	0.199158841
荆门市	0.067086442	0.830050772
黄石市	0.004765821	0.335684186
咸宁市	0.002085461	0.001
恩施州	0.002417105	0.576614334
随州市	0.05162922	0.788582807
鄂州市	0.023413664	0.77476845
仙桃市	0.052085434	0.889064686
潜江市	0.00233804	0.260416943
天门市	0.012130869	0.140700932

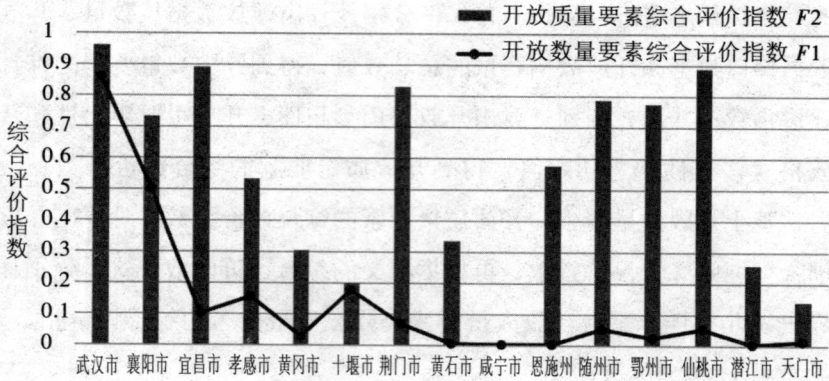

图4-1 湖北省各样本平台开放数量要素和开放质量要素的综合评价指数

在单独样本平台中，选用线性加权法进行计算。开放数量要素的综合评价指数排名前五的政府数据开放平台依次为武汉市、襄阳市、十堰市、孝感市、宜昌市。开放质量要素的综合评价指数排名前五的政府数据开放平台依次为武汉市、宜昌市、仙桃市、荆门市、随州市。全部样本平台中，开放质量要素的综合评价指数均高于开放数量要素的综合评价指数。此外，开放数量要素的综合评价指数较高的平台和开放质量要素的综合评价指数较高的平台之间互有交集。其中，武汉市和宜昌市的政府数据开放平台较好地平衡了开放数量要素和开放质量要素之间的发展。

在整体样本平台中，分别采用几何平均法和线性加权法进行计算。采用几何平均法计算，整体样本中开放数量要素的综合评价指数为0.136076126，开放质量要素的综合评价指数为0.54820875。采用线性加权法计算，整体样本中开放数量要素的综合评价指数为2.04114189，开放质量要素的综合评价指数为8.223131248。不论是采用几何平均法，还是采用线性加权法，开放质量要素的综合评价指数均高于开放数量要素的综合评价指数，这说明在政府数据开放进程中，开放部门参与性、开放主题丰富性、开放格式多样性的综合发展水平均高于开放数据集数量、开放数据接口数量、开放数据容量的综合发展水平，政府部门要进一步扩大数据的开放规模，加快数据的开放进程。

4.3.4　数据开放子系统的耦合度与协调度分析

（1）开放数量要素与开放质量要素之间的耦合度

根据前文的耦合度函数计算公式，结合各样本平台的开放数量要素和开放质量要素的综合评价指数，计算出湖北省样本平台开放要素之间的耦合度，如图4-2所示。

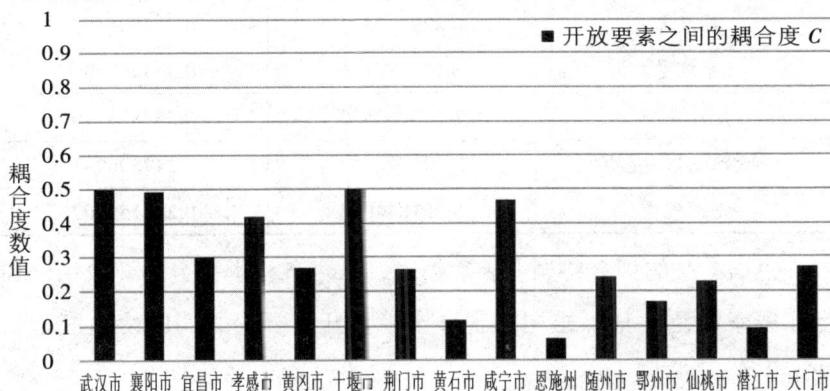

图4-2　湖北省各样本平台开放要素之间的耦合度

就单独样本平台而言，数据开放耦合度排名前五的平台依次为武汉市、十堰市、襄阳市、咸宁市、孝感市，说明这些平台在各要素之间的相互作用具有较高的紧密性和协调性。15个样本平台中有11个样本平台的数据开放子系统达到了拮抗耦合阶段，占总体样本平台的73.33%。

就整体样本平台而言，其开放耦合度为0.399141613，处于拮抗耦合阶段，说明这些平台的开放数量要素和开放质量要素之间超越了低度耦合阶段，开放耦合子系统正向着更加协调、融合的阶段发展。开放耦合度的标准差和极差分别为0.145529325和0.434754296，各样本平台之间的开放耦合水平差距较大。

（2）开放数量要素与开放质量要素的协调度

根据前文的变异系数函数和权重公式，结合各样本平台的开放数量要素和开放质量要素的综合评价指数，计算出开放耦合子系统中开放数量要素和开放质量要素的权重，见表4-10。由表4-10可知，开放数量要素的权重为0.751844098，开放质量要素的权重为0.248155902，二者权重之和为1。

表4-10 　　　　　 **开放数量要素和开放质量要素的权重**

子系统的耦合要素	开放数量要素	开放质量要素
标准差	0.229977841	0.305806585
平均数	0.136076126	0.54820875
变异系数	1.690067522	0.557828719
变异系数之和	2.24789624	2.24789624
要素权重	0.751844098	0.248155902

根据前文的耦合协调度函数公式，结合各样本平台的开放耦合程度和要素权重，计算出湖北省样本平台开放要素之间的协调度，如图4-3所示。

就单独样本平台而言，数据开放协调度排名前五的平台依次为武汉市、襄阳市、孝感市、十堰市、宜昌市。其中，武汉市和襄阳市政府数据开放平台的开放协调度分别为0.66474382和0.525251308，达到良性协调阶段。各样本平台中只有8个平台的开放子系统达到中度协调阶段，占总体样本平台的53.33%。

就整体样本平台而言，采用几何平均法计算开放子系统的协调程度，得到的整体样本开放协调度为0.308439803，数据开放子系统整体处于中度协调阶段。开放协调度的标准差和极差分别为0.165862841和0.63558902，各样本平台之间的开放协调水平差距较大。

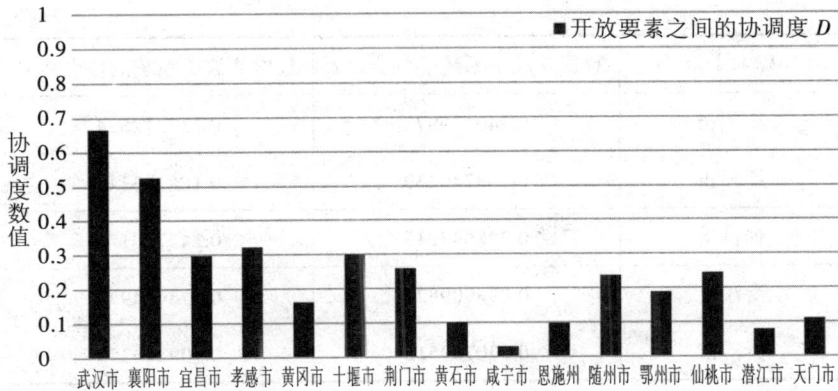

图4-3　湖北省各样本平台开放要素之间的协调度

（3）数据开放子系统的耦合协调综合性分析

根据湖北省样本平台中数据开放子系统的耦合度和协调度（见表4-11），绘制二者之间的折线图，如图4-4所示。

表4-11　湖北省各样本平台中数据开放子系统的耦合度和协调度

样本平台	数据开放子系统的耦合度 C	数据开放子系统的协调度 D
武汉市	0.499228853	0.66474382
襄阳市	0.491386983	0.525251308
宜昌市	0.301117927	0.29887457
孝感市	0.417883831	0.322772809
黄冈市	0.269003143	0.160410781
十堰市	0.499120295	0.301724257
荆门市	0.263033362	0.259705906
黄石市	0.117484598	0.101033009
咸宁市	0.468037849	0.0291548
恩施州	0.064474558	0.096658416

样本平台	数据开放子系统的耦合度 C	数据开放子系统的协调度 D
随州市	0.240149972	0.237312524
鄂州市	0.168740239	0.188183347
仙桃市	0.228647217	0.243720174
潜江市	0.093909527	0.078954971
天门市	0.270789512	0.109246258

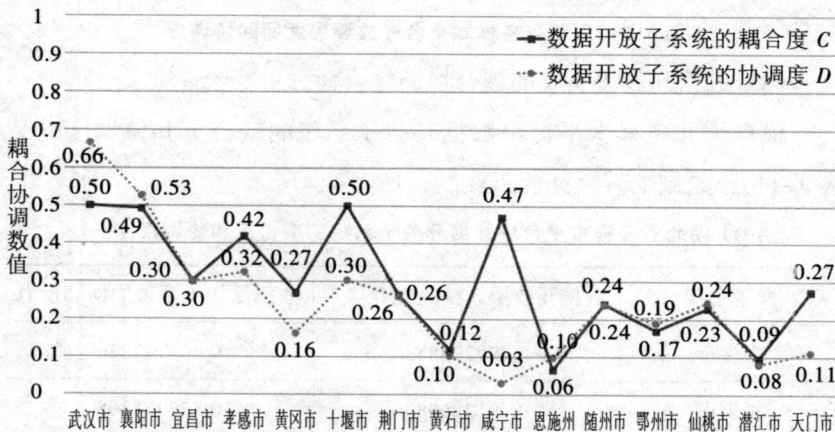

图4-4 湖北省各样本平台中数据开放子系统的耦合度和协调度

就单独样本平台而言，武汉市、襄阳市、鄂州市、仙桃市的政府数据的开放协调度高于开放耦合度。造成该现象的原因是，这些平台的开放数量要素和开放质量要素的综合评价指数均较高，导致平台的开放协调度较高；而这些平台的开放数量要素和开放质量要素的综合评价指数存在较大的差距，导致平台的开放耦合度较低。相比而言，宜昌市、孝感市、黄冈市、十堰市、荆门市、黄石市、咸宁市、恩施州、随州市、潜江市、天门市的政府数据的开放协调度低于开放耦合度。造成该现象的原因是，政府数据开放数量要素和开放质量要素的综合评价指数相差不大，导致平台的开放耦合度较高，但其开放数量要素和开放质量要素的综合评价指数较低，导致平台的开放协调度较低。

就整体样本平台而言，政府数据的开放耦合度高于开放协调度。造成该现象的原因是，湖北省已上线的政府数据开放平台中，开放数量要素和开放质量要素的发展水平差异较小，造成各要素之间相互作用程度较高，因此政府数据的开放耦合度较高。然而，湖北省已上线的政府数据开放平台中，开放数量要素和开放质量要素的发展水平均较低，因此数据开放子系统的综合协调发展水平较低。

4.4 数据开放耦合机制的湖北省各平台聚类分析

为了深入揭示各平台政府数据的开放现状与亲疏关系，对 15 个样本平台的开放耦合度和开放协调度进行聚类分析。聚类分析是指在事先不规定分组规则的情况下，将数据按照其自身特征划分为不同群组，各群组内部数据差距尽可能小，而各群组数据之间的差距尽可能大。采用 UPGMA 算法（非加权组平均法）进行聚类，聚类指标主要参考开放数量要素综合评价指数、开放质量要素综合评价指数、开放耦合度、开放协调度四个指标的数值，最终形成了开放子系统耦合分层聚类图，如图 4-5 所示。

为了更好地确定开放耦合的聚类数目，借助碎石检验辅助判断。其中，个体距离采用平方欧式距离，类间距离采用 Ward（平均组间）链接，得到湖北省各样本平台的开放耦合聚类系数表，见表 4-12。通过聚类系数和类别个数，绘制湖北省样本平台的开放子系统耦合聚类碎石图，如图 4-6 所示。

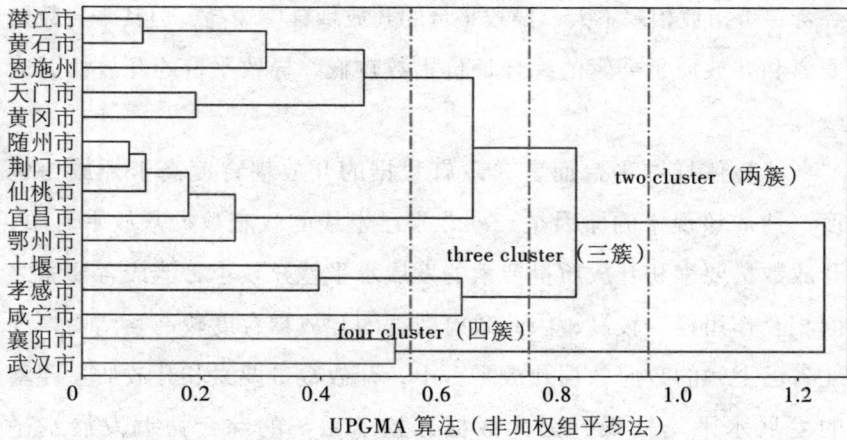

图4-5　湖北省各样本平台的开放子系统耦合分层聚类图

表4-12　　　　湖北省各样本平台的开放耦合聚类系数表

阶	类别数	群集组合		系数	首次出现阶群集		
		群集1	群集2		群集1	群集2	下一阶
14	1	1	4	2.926	13	12	0
13	2	1	3	1.539	10	6	14
12	3	4	5	0.716	11	9	14
11	4	4	9	0.496	8	0	12
10	5	1	2	0.335	0	0	13
9	6	5	10	0.236	7	0	12
8	7	4	6	0.144	0	0	11
7	8	5	8	0.084	5	2	9
6	9	3	12	0.049	4	0	13
5	10	5	15	0.033	0	0	7
4	11	3	7	0.018	0	3	6
3	12	7	13	0.009	1	0	4
2	13	8	14	0.005	0	0	7
1	14	7	11	0.001	0	0	3

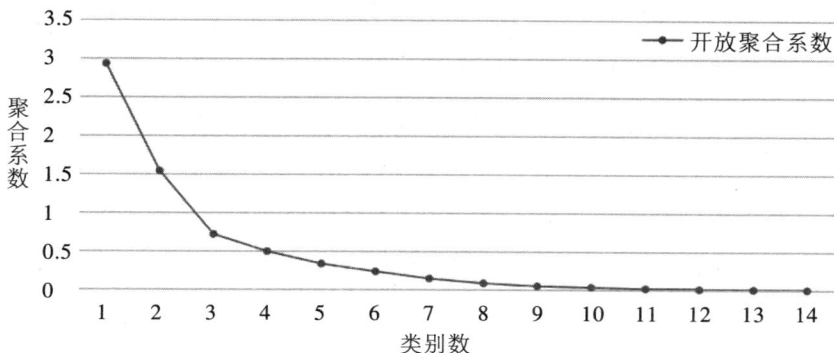

图4-6　湖北省各样本平台的开放子系统耦合聚类碎石图

由表4-12和图4-6可知，随着类别的不断凝聚，当类别数=2时，折线由陡峭突变为平稳，下降趋势趋缓，因此将区域类别数设定为2类。结合图4-5可知，武汉市和襄阳市的政府平台聚为一类，宜昌市、孝感市、黄冈市、十堰市、荆门市、黄石市、咸宁市等13个政府平台聚为一类。

通过进一步分析，发现武汉市和襄阳市政府平台的数据开放子系统均接近磨合耦合阶段（C值分别为0.499228853和0.491386983），而其数据开放已达到良性协调阶段（D值分别为0.66474382和0.525251308）。而其他13个政府平台的数据开放子系统则处于拮抗耦合阶段（C值均高于0.2，且低于0.5），其开放协调度仍处于中度协调阶段（D值均低于0.5，且大多数为0.2左右）。

4.5　本章小结

本章结合政府开放数据和耦合理论的内涵与特征，构建了政府数据开放耦合的指标体系，通过开放数据集、开放数据接口和开放数据容量，衡量政府数据开放数量，通过开放部门参与性、开放主题丰富性和开放格式多样性，衡量政府数据开放质量。基于开放数量要素和开放质量要素的功效函数、耦合度函数、协调度函数，构建了政府开放数据系统的开放耦合函数。在对湖北省样本平台的政府开放数据进行统计分析的基础上，计算开放数量要素与开放质量要素的功效系数、指标权重和综合评价指数，进而测度各政府数据开放平台的开放耦合度与开放协调度，具体研究结果如图4-7所示。总体来说，政府相关部门应该加大数据开放平台的数据集、数据接口和数据容量的开放规模，加快部门参与性、主题丰富性、格式多样性的开放进程，完善平台的建设标准和规范，使用户能够更加便捷、有效地利用政府数据资源，创造和实现数据价值。

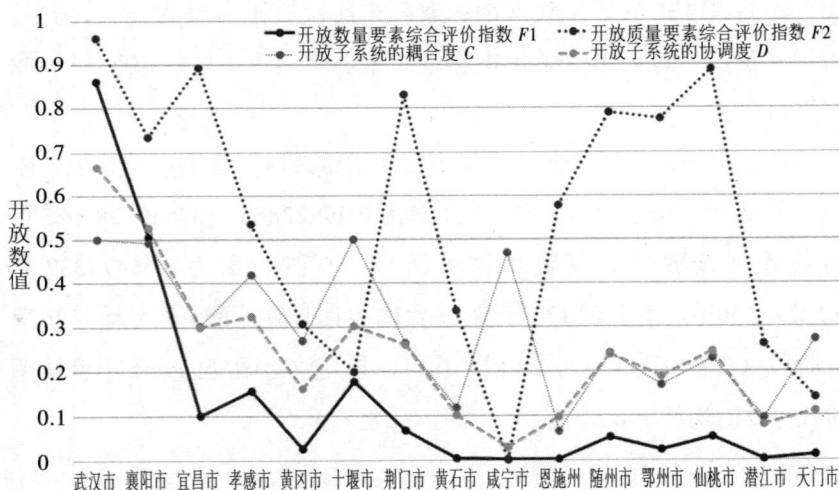

图4-7 湖北省各样本平台开放子系统的耦合协调综合情况

5

政府开放数据系统的利用耦合机制分析

政府开放数据系统中，数据利用不仅是数据开放的核心目的，更是数据价值得以体现和增值的坚实基础。数据利用如同一座桥梁，连接着数据开放与数据价值，使得开放的数据资源能够转化为实际的社会效益和经济效益。

数据开放本身不是终点。数据开放是为了促进数据的广泛利用，进而实现数据价值。

政府数据利用进程中，用户在对开放数据进行利用的基础之上，才能够真正实现数据的价值。政府数据利用行为包括浏览行为、下载行为等多个方面，这些利用行为越深入，利用行为之间的协调程度越高，政府数据的价值越能被更加充分地挖掘。

5.1　政府开放数据系统的利用耦合指标体系

5.1.1　浏览行为要素的研究指标

（1）数据浏览量

浏览量，指的是访问量或点击量，用户每一次对网站中的每个网页的访问均被记录一次。

浏览量用来计算站点上的网页被个体的访客所浏览的次数。

本书中的数据浏览，指的是用户对政府数据开放平台上开放的数据进行的浏览行为。

本书中的数据浏览量，是指政府数据开放平台上每一条数据的浏览次数之和，用户对同一数据的多次访问，浏览量累加。

现有的政府平台上数据浏览量指标的开放情况为：①大部分网站，专门提供了与数据浏览量相关的元数据字段；②少部分网站，没有提供与数据浏览量相关的元数据字段。据此，数据浏览量的计算方式为：①针对提供了与浏览量指标相关的元数据字段的网站，统计爬取开放数据浏览总量；②针对没有提供与浏览量指标相关的元数据字段的网站，将其标记为0。

（2）数据浏览率

浏览率，是指访问率或点击率，即访问次数与另一衡量指标之间的比率，另一衡量指标视具体研究内容而定。

本书中的数据浏览率，指的是政府数据开放平台上所有数据的浏览次数总量与开放数据集总量的比值。

现有的政府平台上数据浏览率指标的开放情况为：①大部分网站，专门提供了与数据浏览量相关的元数据字段；②少部分网站，没有提供与数据浏览量相关的元数据字段。据此，数据浏览率的计算方式为：①针对提供了与浏览量指标相关的元数据字段的网站，计算开放数据浏览总量与开放数据集总量的比值；②针对没有提供与浏览量指标相关的元数据字段的网站，标记为0。

（3）单一样本数据浏览率

样本，是指研究中实际观测或者调查的一部分个体。

本书中的单一样本，指的是某一具体的政府数据开放平台。

本书中的单一样本数据浏览率，是指某一政府数据开放平台上的数据浏览次数总量与该个体平台数据集总量之间的比值。

现有政府平台上单一样本数据浏览率指标的开放情况为：①大部分网站，专门提供了与数据浏览量相关的元数据字段；②少部分网站，没有提供与数据浏览量相关的元数据字段。据此，单一样本数据浏览率的计算方式为：①针对提供了与浏览量指标相关的元数据字段的网站，计算某一平台浏览总量与平台数据集总量的比值；②针对没有提供与浏览量指标相关的元数据字段的网站，标记为0。

（4）整体样本数据浏览率

整体，指的是研究对象的全部，即研究样本的总和。

本书中的整体样本，指的是全部已经上线的政府数据开放平台样本。

本书中的整体样本数据浏览率，是指某一政府数据开放平台的单一样本数据浏览率与全部政府数据开放平台的单一样本数据浏览率总和之间的比值。

现有政府平台上整体样本数据浏览率指标的开放情况为：①大部分网站，专门提供了与数据浏览量相关的元数据字段；②少部分网站，没有提供与数据浏览量相关的元数据字段。据此，整体样本数据浏览率的计算方式为：①针对提供了与浏览量指标相关的元数据字段的网站，计算某一平台的单一样本浏览率与全部平台单一样本浏览率之和的比值；②针对没有提供与浏览量指标相关的元数据字段的网站，标记为0。

5.1.2 下载行为要素的研究指标

（1）数据下载量

下载量，指的是通过网络把其他计算机上的信息内容保存到本地计算机上的文件数量。

本书中的数据下载，指的是用户对政府数据开放平台上开放的数据进行的下载行为。

本书中的数据下载量，是指政府数据开放平台上每一条数据的下载次数之和。

现有政府平台上下载量指标的开放情况为：①大部分网站，专门提供了与数据下载量相关的元数据字段；②少部分网站，没有提供数据下载量相关的元数据字段。据此，数据下载量的计算方式为：①针对提供了与下载量指标相关的元数据字段的网站，统计爬取的开放数据下载总量；②针对没有提供与下载量指标相关的元数据字段的网站，标记为0。

（2）数据下载率

下载率，指的是下载次数与另一衡量指标之间的比率，另一衡量指标视具体研究内容而定。

本书中的数据下载率，是指政府数据开放平台上所有数据的总的下载次数与开放数据集总量的比值。

现有政府平台上数据下载率指标的开放情况为：①大部分网站，专门提供了与数据下载量相关的元数据字段；②少部分网站，没有提供数据下载量相关的元数据字段。据此，数据下载率的具体计算方式为：①针对提供了下载量指标相关的元数据字段的网站，计算开放数据的下载总量与开放数据集总量的比值；②针对没有提供与下载量指标相关的元数据字段的网站，标记为0。

（3）单一样本数据下载率

本书中的单一样本数据下载率，是指某一政府数据开放平台上的数据下载次数总量与该平台数据集总量之间的比值。

现有政府平台上单一样本数据下载率指标的开放情况为：①大部分网站，专门提供了与数据下载量相关的元数据字段；②少部分网站，没有提供与数据下载量相关的元数据字段。据此，单一样本数据下载率的计算方式为：①针对提供了与下载量指标相关的元数据字段的网站，计算某一平台下载总量与平台数据集总量的比值；②针对没有提供与下载量指标相关的元数据字段的网站，标记为0。

（4）整体样本数据下载率

本书中的整体样本数据下载率，是指某一政府平台的单一样本数据下载率与全部政府数据开放平台的单一样本数据浏览率总和之间的比值。现有政府平台上整体样本数据下载率指标的开放情况为：①大部分网站，专门提供了与数据下载量相关的元数据字段；②少部分网站，没有提供与数据下载量相关的元数据字段。据此，整体样本数据下载率的计算方式为：①针对提供了与下载量指标相关的元数据字段的网站，计算某一平台的单一样本数据下载率与全部平台单一样本数据下载率之和的比值；②针对没有提供与下载量指标相关的元数据字段的网站，标记为0。

5.2 政府开放数据系统的利用耦合函数

5.2.1 数据利用子系统的功效函数

功效函数是建立耦合函数的基础，既能通过数据标准化消除量纲、数量级和属性差异，又能反映各个要素及子系统变化对整个系统演化的贡献程度。

功效函数又分为正功效函数和负功效函数，正功效函数用于计算指标越大越好的正向指标，负功效函数则用于计算指标越小越好的负向指标。研究假设，x_{ij}（i=1，2，...，m；j=1，2，...，n）为第i个子系统以及要素的第j个指标的数值，即序参量；$\max x_{ij}$和$\min x_{ij}$分别代表系统稳定临界点上序参量x_{ij}的最大值和最小值；U_{ij}为序参量x_{ij}对耦合模型的功效贡献度，反映各指标达成目标的程度，U_{ij}越接近于1表明目标达成程度越高，越接近于0则表明目标达成程度越低，$U_{ij} \in$[0，1]。功效函数U_{ij}的计算如公式（5-1）和公式（5-2）所示。

正功效函数：

$$U_{ij} = \frac{x_{ij} - \min x_{ij}}{\max x_{ij} - \min x_{ij}} \tag{5-1}$$

负功效函数：

$$U_{ij} = \frac{\max x_{ij} - x_{ij}}{\max x_{ij} - \min x_{ij}} \qquad (5\text{-}2)$$

据此，政府数据利用耦合子系统（简称"数据利用子系统"）的浏览行为要素与下载行为要素中，各研究指标的功效函数如公式（5-3）和公式（5-4）所示。数据利用子系统中，存在部分研究指标的数值较小、甚至为0的情况。为了避免指标数值的无意义，在数据处理结果后面统一加上一个正数，研究采用在处理结果后面加上0.001的方法进行平移化处理。其中，i（i=1，2）是指数据利用子系统中的各利用行为要素，包括浏览行为要素、下载行为要素；j（j=1，2，3，4）是指各利用行为要素中的具体研究指标，在浏览行为要素中指的是数据浏览量、数据浏览率、单一样本数据浏览率、整体样本数据浏览率，在下载行为要素中是指数据下载量、数据下载率、单一样本数据下载率、整本样本数据下载率；$x_{ij}^{利用}$（i=1，2；j=1，2，3，4）表示利用耦合子系统中第i个要素的第j个指标的数值，$\max x_{ij}^{利用}$和$\min x_{ij}^{利用}$分别代表数据利用子系统中序参量$x_{ij}^{利用}$的最大值和最小值，$U_{ij}^{利用}$表示数据利用子系统中序参量$x_{ij}^{利用}$对子系统的功效贡献度。

利用耦合子系统中的正功效函数：

$$U_{ij}^{利用} = \left(\frac{x_{ij}^{利用} - \min x_{ij}^{利用}}{\max x_{ij}^{利用} - \min x_{ij}^{利用}} \right) \times 0.999 + 0.001 \qquad (5\text{-}3)$$

利用耦合子系统中的负功效函数：

$$U_{ij}^{利用} = \left(\frac{\max x_{ij}^{利用} - x_{ij}^{利用}}{\max x_{ij}^{利用} - \min x_{ij}^{利用}} \right) \times 0.999 + 0.001 \qquad (5\text{-}4)$$

5.2.2 数据利用子系统的指标权重函数

变异系数法是在指标数据经过类型一致化和无量纲化处理后，通过计算指标数据的标准差与平均数的比值，衡量观测数值的差异化程度，从而得出指标权重的一种有效客观赋权方法。

变异系数法能够反映单位均值上的离散程度，可以消除单位或者平均数不同对多个样本变异程度比较的影响。据此，研究采用变异系数法确定利用评价体系的指标权重。

基于指标无量纲化的变异系数计算及赋权公式如公式（5-5）和公式（5-6）所示。其中，V_i是第i个指标的变异系数，σ_i表示第i个指标的标准差，$\overline{x_i}$表示第i个指标的平均数，W_i表示第i个指标的权重。

$$V_i = \frac{\sigma_i}{\overline{x_i}} \tag{5-5}$$

$$W_i = \frac{V_i}{\sum_{i=1}^{n} V_i}, \quad \sum_{i=1}^{n} W_i = 1 \tag{5-6}$$

据此，数据利用子系统的浏览行为要素和下载行为要素中，各研究指标的变异系数及其权重函数分别如公式（5-7）和公式（5-8）所示。其中，i（$i=1$，2）指的是数据利用子系统中的各个利用行为要素，包括浏览行为要素、下载行为要素；j（$j=1$，2，3，4）是指各个利用行为要素中的具体研究指标，在浏览行为要素中是指数据浏览量、数据浏览率、单一样本数据浏览率、整体样本数据浏览率，在下载行为要素中是指数据下载量、数据下载率、单一样本数据下载率、整体样本数据下载率；$x_{ij}^{利用}$（$i=1$，2；$j=1$，2，3，4）表示数据利用子系统中第i个要素的第j个指标的数值；$\overline{x_{ij}^{利用}}$表示数据利用子系统中第i个要素的第j个指标的平均数；$\sigma_{ij}^{利用}$表示数据利用子系统中第i个要素的第j个指标的标准差；$V_{ij}^{利用}$表示数据利用子系统中第i个要素的第j个指标的变异系数；$W_{ij}^{利用}$表示数据利用子系统中第i个要素的第j个指标的权重。

$$V_{ij}^{利用} = \frac{\sigma_{ij}^{利用}}{x_{ij}^{利用}} \tag{5-7}$$

$$W_{ij}^{利用} = \frac{V_{ij}^{利用}}{\sum_{i=1}^{n} V_{ij}^{利用}}, \quad \sum_{i=1}^{n} W_i^{利用} = 1 \tag{5-8}$$

5.2.3 数据利用子系统的综合评价函数

综合评价指数能够衡量子系统和要素的发展水平，评价子系统和要素的综合现状。现有研究中关于综合评价函数的常用计算方法包括几何平均法和线性加权法。本书选用线性加权法进行综合测度，设 F_i 为第 i 个要素及子系统的综合评价指数，具体算法如公式（5-9）所示。其中，U_{ij} 为功效系数，W_i 为指标权重。

$$F_i = \sum_{j=1}^{n} W_{ij} U_{ij} (i = 1, 2, \cdots, n; \quad j = 1, 2, \cdots, n) \tag{5-9}$$

据此，数据利用子系统中，浏览行为要素和下载行为要素的综合评价函数如公式（5-10）所示。其中，i（i=1，2）指的是数据利用子系统中的各个利用行为要素，包括浏览行为要素、下载行为要素；j（j=1，2，3，4）指的是各个利用行为要素中的具体研究指标，在浏览行为要素中指的是数据浏览量、数据浏览率、单一样本数据浏览率、整体样本数据浏览率，在下载行为要素中指的是数据下载量、数据下载率、单一样本数据下载率、整体样本数据下载率；$W_{ij}^{利用}$（i=1，2；j=1，2，3，4）表示数据利用子系统中第 i 个要素第 j 个指标的权重；$U_{ij}^{利用}$（i=1，2；j=1，2，3，4）表示数据利用子系统中第 i 个要素的第 j 个指标的功效系数；$F_i^{利用}$（i=1，2）指的是数据利用子系统中第 i 个要素的综合评价指数。

$$F_i^{利用} = \sum_{j=1}^{n} W_{ij}^{利用} U_{ij}^{利用} (i = 1, 2; \quad j = 1, 2, 3, 4) \tag{5-10}$$

5.2.4 数据利用子系统的耦合度函数

物理学科中的耦合度模型函数如公式（5-11）所示。其中，n 代表系统个数，C_n 代表这 n 个系统的耦合度，F_1，F_2，…，F_n 代表系统某评价单元的综合评价指数。

$$C_n = \left\{ \frac{(F_1 \times F_2 \times \cdots \times F_n)}{\prod (F_1 + F_2 + \cdots + F_n)} \right\}^{\frac{1}{n}} \tag{5-11}$$

本书根据物理学科中的耦合度计算公式，推导得出政府数据利用子系统中，浏览行为要素和下载行为要素之间的耦合度函数，如公式（5-12）所示。其中，$C_{利用}$ 为浏览行为要素和下载行为要素间的耦合度，表示两个耦合要素彼此之间的交互作用和协同效应；$F_{浏览}$ 代表数据浏览行为要素的综合评价指数及其对数据利用子系统的贡献度；$F_{下载}$ 代表数据下载行为要素的综合评价指数及其对数据利用子系统的贡献度。因此，$C_{利用}$ 值越大，表明政府数据的利用耦合程度越高。

$$C_{利用} = \left\{ \frac{(F_{浏览} \times F_{下载})}{(F_{浏览} + F_{下载})^2} \right\}^{\frac{1}{2}} \tag{5-12}$$

参考已有文献，利用耦合度 C 的等级评判标准见表5-1。

表5-1　　　　　　利用耦合度 C 的等级评判标准

取值范围	对应阶段	阶段说明
$0 < C \leq 0.2$	低水平耦合	浏览行为要素和下载行为要素之间低度耦合
$0.2 < C \leq 0.5$	拮抗耦合	浏览行为要素和下载行为要素之间拮抗耦合
$0.5 < C \leq 0.8$	磨合耦合	浏览行为要素和下载行为要素之间磨合耦合
$0.8 < C \leq 1$	高水平耦合	浏览行为要素和下载行为要素之间高度耦合

5.2.5 数据利用子系统的耦合协调度函数

耦合度 C 只能够判定系统间相互作用的强弱程度和耦合紧密程度，无法描述系统间的协调发展程度和实际互动程度。因此，需要在耦合度模型的基础上建立耦合协调度模型，用以衡量各子系统之间的互动程度。

物理学科中的耦合协调度模型如公式（5-13）和公式（5-14）所示。其中，D 为各子系统之间的耦合协调度；C 为耦合度；T 则是贡献度，反映政府开放数据利用行为的整体协同效应或贡献；α，β，…，γ 为待定的系统耦合协调度系数；F_1，F_2，…，F_n 代表系统某评价单元的综合评价指数。

$$D = \sqrt{C \times T} \tag{5-13}$$

$$T = aF_1 + \beta F_2 + \cdots + \gamma F_n \tag{5-14}$$

本书同样借鉴物理学科中的协调度模型，推导得出数据利用子系统中，浏览行为要素和下载行为要素之间的耦合协调度函数，如公式（5-15）和公式（5-16）所示。其中，$D_{利用}$ 为浏览行为要素和下载行为要素之间的协调度；$C_{利用}$ 为浏览行为要素和下载行为要素的耦合度；$T_{利用}$ 为浏览行为要素和下载行为要素之间的贡献度，反映数据利用耦合的整体协同效应或贡献；α 为数据利用子系统中，浏览行为要素的协调度系数；β 代表数据利用子系统中，下载行为要素的协调度系数；$F_{浏览}$ 代表数据利用子系统中，数据浏览行为的综合评价指数；$F_{下载}$ 代表数据利用子系统中，数据下载行为的综合评价指数。

$$D_{利用} = \sqrt{C_{利用} \times T_{利用}} \tag{5-15}$$

$$T_{利用} = aF_{浏览} + \beta F_{下载} \tag{5-16}$$

参考已有文献，耦合协调度 D 的等级评判标准见表5-2。

表5-2   **利用耦合协调度 D 的等级评判标准**

取值范围	对应阶段	阶段说明
$0<D\leqslant0.2$	低度协调	浏览行为要素和下载行为要素之间低度协调
$0.2<D\leqslant0.5$	中度协调	浏览行为要素和下载行为要素之间中度协调
$0.5<D\leqslant0.8$	良性协调	浏览行为要素和下载行为要素之间良性协调
$0.8<D\leqslant1$	高度协调	浏览行为要素和下载行为要素之间高度协调

5.3　湖北省政府开放数据系统的利用耦合实证分析

5.3.1　数据利用子系统的数据获取与处理

（1）利用耦合的研究样本

基于我国政府数据开放现状，已有的数据开放平台包括集中专有式平台和统一嵌入式平台两种类型。其中，集中专有式平台大多以"data.gov.cn"为域名，因此以"data.gov.cn"为域名对集中专有式平台进行搜索。而统一嵌入式平台的数据嵌入在政府网站栏目中，因此在对应的政府网站的数据开放栏目中进行搜索。

截至2024年，湖北省17个地级行政区中共有15个地市级政府建立了地方性数据开放平台，荆州市和神农架林区的数据开放平台暂未上线，故而剔除这两个区域，保留剩余的15个政府数据开放平台作为研究样本。

剔除样本和研究样本的具体情况如表4-3所示（详见第4章）。

（2）研究样本的指标统计

基于上述评估框架，主要采用数据爬虫和人工观察的方法采集数据。

本书对采集到的各项指标的数据进行统计分析，得出政府数据开放平台的数据浏览量、数据浏览率、单一样本数据浏览率、整体样本数据浏览率以及数据下载量、数据下载率、单一样本数据下载率、整体样本数据下载率的指标概况。

本书将各平台上出现的以下三种情况，不视为有效指标数据：一是指标数据名称下不存在可直接下载或获取的数据；二是指标数据名称下提供的网页链接无效；三是指标数据名称下为0行数据。

除此之外，本书将各平台上出现的以下三种情况，只视为一个有效的指标数据：一是同样名称的指标数据重复出现；二是平台标注的指标数据名称不同，但实际下载后具有相同的名称和内容；三是同一个指标数据被分拆为多个数据结构相同的指标数据。

①浏览行为要素的指标统计

湖北省15个样本平台的数据浏览量、数据浏览率、单一样本数据浏览率以及整体样本数据浏览率，具体见表5-3。

表5-3　湖北省各样本平台数据浏览行为要素的指标统计情况

样本平台	数据浏览量	数据浏览率	单一样本数据浏览率	整体样本数据浏览率
武汉市	962 773	0.383614332	719.0238984	0.114474211
襄阳市	127 586	0.050836301	68.52094522	0.010909069
宜昌市	53 351	0.021257564	88.3294702	0.01406274
孝感市	1 010 304	0.402552932	1 969.403509	0.313544395
黄冈市	0	0	0	0

样本平台	数据浏览量	数据浏览率	单一样本数据浏览率	整体样本数据浏览率
十堰市	58 234	0.023203182	100.0584192	0.015930081
荆门市	5 558	0.00221457	9.632582322	0.001533582
黄石市	594	0.000236678	34.94117647	0.005562908
咸宁市	5 120	0.00204005	256	0.040757196
恩施州	15 809	0.006299054	687.3478261	0.109431133
随州市	190 261	0.075808988	407.4111349	0.064863029
鄂州市	5 806	0.002313385	28.46078431	0.004531179
仙桃市	6 534	0.002603455	65.34	0.010402637
潜江市	44 937	0.017905028	1 549.551724	0.246700717
天门市	22 875	0.009114483	297.0779221	0.047297122

其中，数据浏览量和数据浏览率排名前五的政府数据开放平台均依次为孝感市、武汉市、随州市、襄阳市、十堰市的平台。单一样本数据浏览率和整体样本数据浏览率排名前五的政府数据开放平台均依次为孝感市、潜江市、武汉市、恩施州、随州市的平台。

②下载行为要素的指标统计

湖北省15个样本平台的数据下载量、数据下载率、单一样本数据下载率以及整体样本数据下载率，具体见表5-4。其中，数据下载量和数据下载率排名前五的政府数据开放平台均依次为武汉市、孝感市、随州市、襄阳市、十堰市的平台。单一样本数据下载率和整体样本数据下载率排名前五的政府数据开放平台均依次为武汉市、恩施州、孝感市、随州市、咸宁市的平台。

表 5-4　湖北省各样本平台数据下载行为要素的指标统计情况

样本平台	数据下载量	数据下载率	单一样本数据下载率	整体样本数据下载率
武汉市	760 214	0.749790414	567.7475728	0.394439014
襄阳市	38 675	0.033144712	20.77067669	0.014430295
宜昌市	2 858	0.002818813	4.731788079	0.00328738
孝感市	114 588	0.113301684	223.3684211	0.155183789
黄冈市	0	0	0	0
十堰市	9 305	0.009177416	15.98797251	0.011107542
荆门市	1 704	0.001580636	2.953206239	0.002051721
黄石市	35	3.45201E-05	2.058823529	0.001430355
咸宁市	2 761	0.002723143	138.05	0.095909359
恩施州	5 996	0.005913787	260.6956522	0.181116646
随州市	74 616	0.073592911	159.7773019	0.111004264
鄂州市	1 036	0.001021795	5.078431373	0.003528208
仙桃市	7	6.90402E-06	0.07	4.86321E-05
潜江市	499	0.000492158	17.20689655	0.011954382
天门市	1 608	0.001585952	20.88311688	0.014508413

5.3.2　数据利用子系统的功效系数与指标权重分析

（1）浏览行为要素与下载行为要素的功效系数

根据前文的功效函数及其平移化处理公式，计算得到经过平移化处理后的样本平台的各项利用指标功效系数，分别见表 5-5 和表 5-6。几何平均数作为统计学中最基本、最常用的一种平均指标，主要适用于数值型数据，能够反映样本数据总体的特点。据此，研究采用几何平均法分析浏览行为要素和下载行为要素中各项指标的具体情况。

表5-5　　湖北省各样本平台浏览行为要素的指标功效系数

样本平台	U数据浏览量	U数据浏览率	U单一样本数据浏览率	U整体样本数据浏览率
武汉市	0.953000811	0.953000811	0.3657322	0.3657322
襄阳市	0.127158477	0.127158477	0.035757948	0.035757948
宜昌市	0.053754071	0.053754071	0.045806024	0.045806024
孝感市	1	1	1	1
黄冈市	0.001	0.001	0.001	0.001
十堰市	0.058582437	0.058582437	0.051755653	0.051755653
荆门市	0.006495813	0.006495813	0.005886226	0.005886226
黄石市	0.001587354	0.001587354	0.018724268	0.018724268
咸宁市	0.006062714	0.006062714	0.130858609	0.130858609
恩施州	0.016632118	0.016632118	0.34966419	0.34966419
随州市	0.189132225	0.189132225	0.20766345	0.20766345
鄂州市	0.006741038	0.006741038	0.015437023	0.015437023
仙桃市	0.007460893	0.007460893	0.034144381	0.034144381
潜江市	0.045434213	0.045434213	0.787025904	0.787025904
天门市	0.023619058	0.023619058	0.151695803	0.151695803

表5-6　　湖北省各样本平台下载行为要素的指标功效系数

样本平台	U数据下载量	U数据下载率	U单一样本数据下载率	U整体样本数据下载率
武汉市	1	1	1	1
襄阳市	0.051822959	0.051822959	0.037547767	0.037547767
宜昌市	0.004755708	0.004755708	0.009325982	0.009325982
孝感市	0.15158051	0.15158051	0.394035679	0.394035679

样本平台	U数据下载量	U数据下载率	U单一样本数据下载率	U整体样本数据下载率
黄冈市	0.001	0.001	0.001	0.001
十堰市	0.013227735	0.013227735	0.029132193	0.029132193
荆门市	0.003239233	0.003239233	0.006196417	0.006196417
黄石市	0.001045994	0.001045994	0.004622675	0.004622675
咸宁市	0.00462824	0.00462824	0.243910682	0.243910682
恩施州	0.008879366	0.008879366	0.459716107	0.459716107
随州市	0.099053159	0.099053159	0.282141712	0.282141712
鄂州市	0.002361411	0.002361411	0.009935931	0.009935931
仙桃市	0.001009199	0.001009199	0.001123171	0.001123171
潜江市	0.001655738	0.001655738	0.031276994	0.031276994
天门市	0.003113079	0.003113079	0.037745615	0.037745615

（2）浏览行为要素与下载行为要素的指标权重

根据前文的变异系数函数和权重计算公式，本书分别计算得到浏览行为要素和下载行为要素内各项研究指标的具体权重，分别见表5-7和表5-8。

表5-7　　　　　　　　浏览行为要素内的各研究指标权重

研究指标	数据浏览量	数据浏览率	单一样本数据浏览率	整体样本数据浏览率
标准差	0.321869546	0.321869546	0.292504391	0.292504391
平均数	0.166444081	0.166444081	0.213410112	0.213410112
变异系数	1.933799891	1.933799891	1.370621047	1.370621047
变异系数之和	6.608841876	6.608841876	6.608841876	6.608841876
研究指标权重	0.292607983	0.292607983	0.207392017	0.207392017

表5-8   下载行为要素内的各研究指标权重

研究指标	数据下载量	数据下载率	单一样本数据下载率	整体样本数据下载率
标准差	0.246951518	0.246951518	0.268065482	0.268065482
平均数	0.089824822	0.089824822	0.169847395	0.169847395
变异系数	2.749256976	2.749256976	1.578272557	1.578272557
变异系数之和	8.655059066	8.655059066	8.655059066	8.655059066
研究指标权重	0.317647396	0.317647396	0.182352604	0.182352604

浏览行为要素不仅能够反映公众对政府数据的关注度和参与度，还能够间接体现政府在数据开放和利用方面所取得的成效。浏览行为要素中，数据浏览量指标、数据浏览率指标、单一样本数据浏览率指标以及整体样本数据浏览率指标的功效系数几何平均值依次为0.166444081、0.166444081、0.213410112、0.213410112。这说明整体而言，我国政府数据的浏览比率情况要优于浏览总量情况。

下载行为要素中，数据下载量指标、数据下载率指标、单一样本数据下载率指标以及整体样本数据下载率指标的功效系数几何平均值依次为0.089824822、0.089824822、0.169847395、0.169847395。这说明就整体而言，我国政府数据利用现状中，数据下载比率情况要优于数据下载量值情况。

标准差能够体现各样本平台在该项研究指标上得分的离散程度，标准差较大说明各平台在该指标项上存在较大的差异，标准差较小说明各平台在该指标项上具有较小的差异。本书据此研究基于各项指标数据的功效系数，计算利用要素中具体的标准差。

浏览行为要素中，数据浏览量、数据浏览率、单一样本数据浏览率和整体样本数据浏览率4个指标的功效系数标准差分别为

0.321869546、0.321869546、0.292504391、0.292504391。下载行为要素中，数据下载量、数据下载率、单一样本数据下载率和整体样本数据下载率 4 个指标的功效系数标准差分别为 0.246951518、0.246951518、0.268065482、0.268065482。这说明通过功效函数的标准化计算后，已经消除了数据利用指标在量纲、数量级和属性等方面的差异。此外可知，湖北省各地方政府开放平台在数据下载行为方面的差异较小，而在数据浏览行为方面具有较大的差异。

基于各个指标的测度公式，浏览量与浏览率指标的功效系数一致，因而其变异系数和指标权重相同，单一样本浏览率与整体样本浏览率的指标权重亦相同（其他研究指标依此类推）。浏览行为要素中，数据浏览量、数据浏览率、单一样本数据浏览率以及整体样本数据浏览率的指标权重分别为 0.292607983、0.292607983、0.207392017、0.207392017，指标的权重之和为 1；而在下载行为要素中，数据下载量、数据下载率、单一样本数据下载率以及整体样本数据下载率的指标权重分别为 0.317647396、0.317647396、0.182352604、0.182352604，指标的权重之和为 1。

5.3.3 数据利用子系统的综合评价分析

在政府数据利用子系统中，浏览行为和下载行为是彼此不同但又相互作用的两大要素，共同推动着政府数据的高效利用与价值转化，需要分别对各个要素和子系统有序程度的综合贡献水平进行评价计算。

具体计算过程为：

首先，分别计算数据浏览量、数据浏览率、单一样本数据浏览率以及整体样本数据浏览率的总功效值，得到浏览行为要素的综合评价指数。

其次，分别计算数据下载量、数据下载率、单一样本数据下载率以及整体样本数据下载率的总功效值，得到下载行为要素的综合评价指数。

最后，基于浏览行为要素和下载行为要素的综合评价指数，进一步得到数据利用子系统的综合评价指数。根据前文的综合评价函数公式，分别计算得到15个样本平台的浏览行为要素综合评价指数以及下载行为要素综合评价指数，具体如表5-9和图5-1所示。

表5-9　样本平台浏览行为要素和下载行为要素的综合评价指数

样本平台	浏览行为要素综合评价指数	下载行为要素综合评价指数
武汉市	0.709411167	1
襄阳市	0.089246997	0.046616722
宜昌市	0.050457348	0.006422511
孝感市	1	0.240005173
黄冈市	0.001	0.001
十堰市	0.055750796	0.019028174
荆门市	0.006242966	0.004317733
黄石市	0.008695472	0.002350428
咸宁市	0.057826059	0.091895793
恩施州	0.154768504	0.173301873
随州市	0.196818681	0.165826508
鄂州市	0.010347994	0.005123878
仙桃市	0.018528778	0.001050765
潜江市	0.353034606	0.012458764
天门市	0.076743247	0.015743745

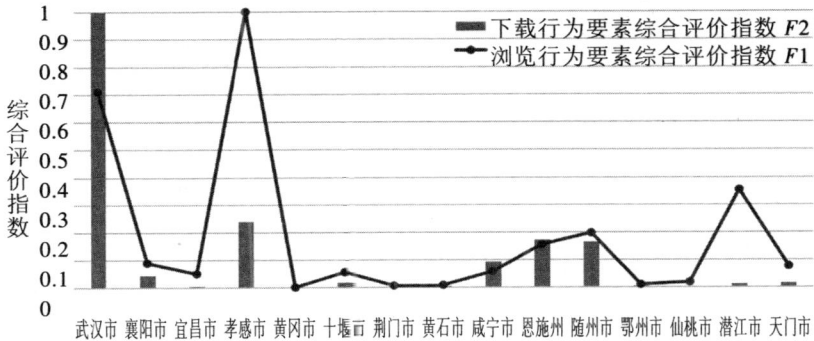

图5-1 湖北省各样本平台利用要素的综合评价指数

在单独样本平台中，选用线性加权法进行计算。湖北省样本平台中，浏览行为要素和下载行为要素综合评价指数较高的平台之间，互有交集，用户对政府数据的利用行为具有较为一致的倾向性。具体表现在：浏览行为要素综合评价指数排名靠前的政府数据开放平台依次为孝感市、武汉市、潜江市、随州市、恩施州的平台。下载行为要素综合评价指数排名靠前的政府数据开放平台依次为武汉市、孝感市、恩施州、随州市、咸宁市的平台。

在整体样本平台中，分别采用几何平均法和线性加权法进行计算。采用几何平均法计算，浏览行为要素和下载行为要素的综合评价指数分别为0.185924841和0.119009471。采用线性加权法进行计算，浏览行为要素和下载行为要素的综合评价指数分别为2.788872614和1.785142066。不论是几何平均法，还是采用线性加权法，政府数据的浏览行为要素的综合评价指数均高于下载行为要素的综合评价指数。这说明，湖北数据门户网站上，用户对政府开放数据的浏览现状优于对政府开放数据的下载现状。

5.3.4　数据利用子系统的耦合度与协调度分析

（1）浏览行为要素与下载行为要素的耦合度

根据前文的耦合函数计算公式，结合样本平台的浏览行为要素的综合评价指数和下载行为要素的综合评价指数，计算得到湖北省样本平台利用要素之间的耦合度，具体如图5-2所示。

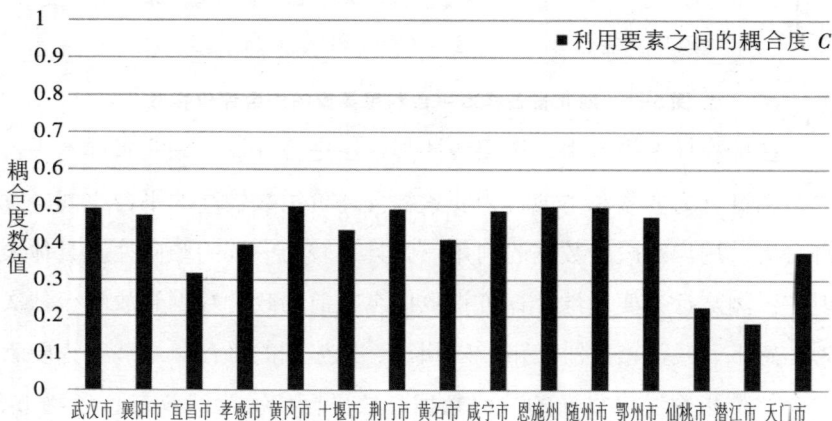

图5-2　湖北省各样本平台利用要素之间的耦合度

就单独样本平台而言，政府数据利用耦合度排名前五的平台依次为黄冈市、恩施州、随州市、武汉市、荆门市的平台。15个样本平台中，已有14个平台的数据利用子系统达到拮抗阶段（C 值大于0.2），占总体样本平台的93.33%。

就整体样本平台而言，政府开放数据的利用耦合度为0.487812783，处于拮抗耦合阶段并且接近磨合耦合。利用耦合度的标准差和极差分别为0.09917075和0.318545971，样本平台之间的利用耦合水平差距较小。

这说明已有政府平台的浏览行为以及下载行为之间已经经历并超越了低水平耦合阶段，数据利用子系统正在成长，向着更加融合的阶段发展。

（2）浏览行为要素与下载行为要素的协调度

根据前文的变异系数函数以及权重公式，结合样本平台的浏览行为要素综合评价指数和下载行为要素综合评价指数，计算得到政府数据利用子系统中，浏览行为要素和下载行为要素的具体权重，具体见表5-10。其中，浏览行为要素的权重为0.42262921，下载行为要素的权重为0.57737079，要素的权重之和为1。

表5-10　　　浏览行为要素和下载行为要素的具体权重

子系统的耦合要素	浏览行为要素	下载行为要素
标准差	0.282310267	0.246868727
平均数	0.185924841	0.119009471
变异系数	1.518410697	2.074362024
变异系数之和	3.592772721	3.592772721
耦合要素权重	0.42262921	0.57737079

根据前文的耦合协调度函数公式，结合样本平台的利用耦合程度以及利用要素权重，分别计算出湖北省样本平台浏览行为和下载行为之间的耦合协调度，具体如图5-3所示。

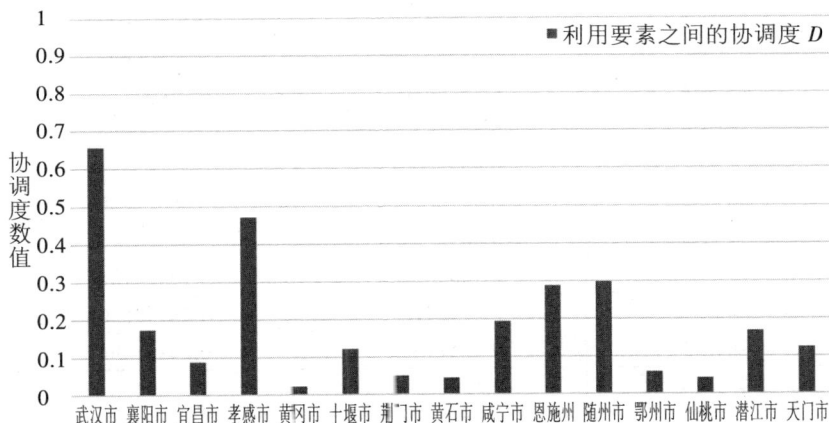

图5-3　湖北省各样本平台利用要素之间的协调度

就单独样本平台而言，数据利用协调度排名前五的平台依次为武汉市、孝感市、随州市、恩施州、咸宁市的平台。15个政府数据平台中，只有4个政府平台的数据利用子系统已达到中度协调水平（$D>0.2$），仅占总体样本平台的26.67%，而大多数政府平台的数据利用子系统的浏览行为和下载行为之间处于高度失调状态。

就整体样本平台而言，采用几何平均法进行计算，得到的数据利用协调度为0.268048274，说明政府数据平台的数据利用子系统整体处于中度协调阶段。此外，利用协调度的标准差和极差分别为0.17232164和0.635066634，说明湖北省不同政府数据平台之间的利用协调水平差距较大，存在较为明显的两极分化现象。

（3）数据利用子系统的耦合协调综合性分析

根据湖北各平台浏览行为要素和下载行为要素之间的耦合度和耦合协调度数值，绘制二者之间的组合图，具体如表5-11和图5-4所示。

表5-11　　样本平台数据利用子系统的耦合度和协调度数值

样本平台	数据利用子系统耦合度 C	数据利用子系统协调度 D
武汉市	0.49272259	0.657427314
襄阳市	0.474749126	0.175170511
宜昌市	0.316487184	0.089008978
孝感市	0.3950816	0.470871811
黄冈市	0.5	0.02236068
十堰市	0.435556613	0.122669101
荆门市	0.491621325	0.050226508
黄石市	0.409278505	0.045381728
咸宁市	0.486882788	0.19424706
恩施州	0.499201524	0.287406405
随州市	0.49817074	0.298554941
鄂州市	0.470635423	0.058741616
仙桃市	0.225358341	0.043605703
潜江市	0.181454029	0.168459775
天门市	0.375831739	0.124924

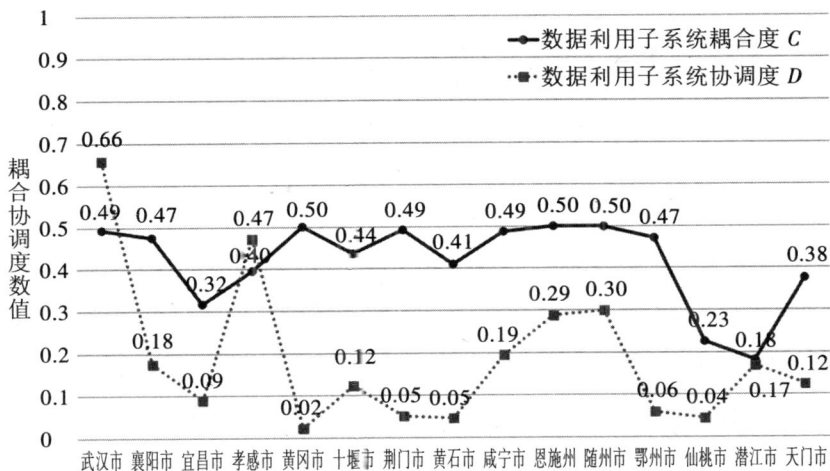

图5-4　湖北省各样本平台数据利用子系统的耦合度和协调度

就单独样本平台而言，只有武汉市政府数据平台和孝感市政府数据平台的利用协调度高于利用耦合度，其余平台的利用协调度均低于利用耦合度。

本书经过分析发现，造成该现象的原因是，武汉市和孝感市的数据利用子系统中，就不同要素之间的综合发展水平而言，差距较大，导致二者的耦合度较低；但是，就要素自身的综合评价指数而言，二者都相对其他政府数据平台更高，所以其利用协调度较高，导致其利用协调度高于利用耦合度。

就整体样本平台而言，政府数据的利用耦合度高于利用协调度。本书经过分析发现，造成该现象的原因是，浏览行为要素和下载行为要素的发展水平差异较小，造成要素间的相互作用程度较高、耦合度较高；但是浏览行为要素、下载行为要素的发展水平均较低，从而导致数据利用子系统的综合协调发展水平较低。

5.4 数据利用耦合机制的湖北省各平台聚类分析

本书为深入揭示湖北省各样本平台的数据利用现状与亲疏关系，对15个政府数据平台的利用耦合度和利用协调度进行聚类分析。

聚类分析是指在事先不规定分组规则的情况下，将数据按照其自身特征划分成不同群组，各群组内部数据差距尽可能小，而各群组数据之间的差距尽可能大。

本书采用UPGMA算法（非加权组平均法）进行聚类，聚类指标主要参考浏览行为要素综合评价指数、下载行为要素综合评价指数、数据利用子系统的耦合度、数据利用子系统的协调度4个指标数值，最终形成的利用耦合层次聚类图如图5-5所示。

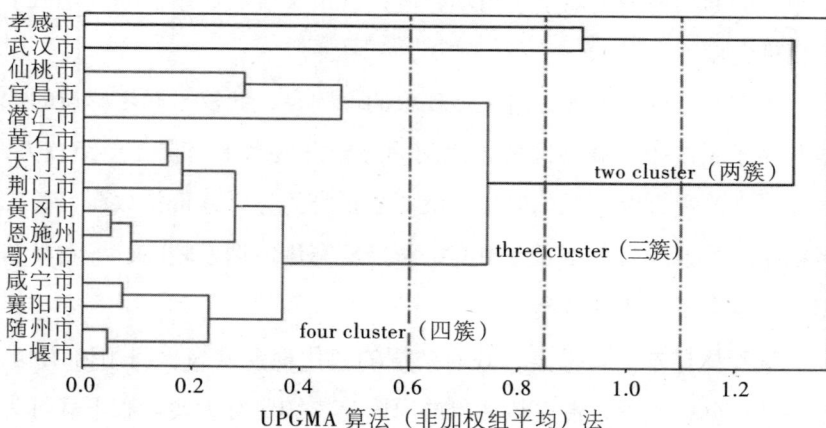

图5-5 湖北省各样本平台的利用子系统耦合分层聚类图

为了更好地确定利用耦合的聚类数目，本书借助碎石检验进行辅助判断。其中，个体距离采用平方欧式距离，类间距离采用Ward（平均组间）链接，得到利用耦合聚类系数表，见表5-12。本书通过聚类系数和类别个数，绘制数据利用聚类的碎石图，如图5-6斦示。

表 5-12 　　　　湖北省各样本平台的利用耦合聚类系数表

阶	类别数	群集组合		系数	首次出现阶群集		下一阶
		群集 1	群集 2		群集 1	群集 2	
14	1	1	2	2.703	13	12	0
13	2	1	4	0.762	0	0	14
12	3	2	10	0.409	10	11	14
11	4	10	14	0.237	3	0	12
10	5	2	3	0.122	9	7	12
9	6	2	5	0.065	8	6	10
8	7	2	6	0.028	4	5	9
7	8	3	13	0.016	0	0	10
6	9	5	8	0.011	2	0	9
5	10	6	15	0.006	0	0	8
4	11	2	9	0.004	0	0	8
3	12	10	11	0.002	0	0	11
2	13	5	7	0.001	0	1	6
1	14	7	12	0	0	0	2

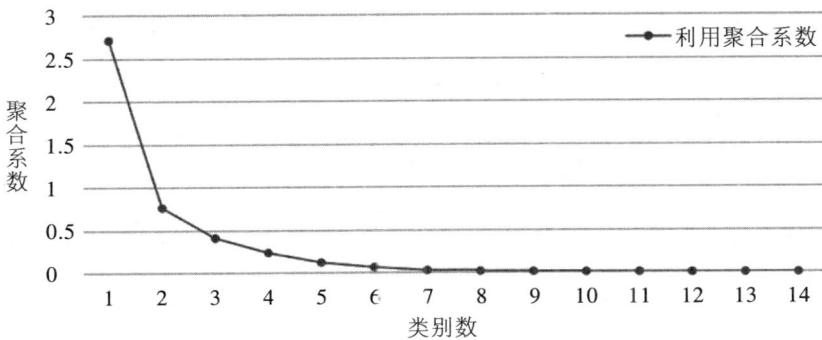

图 5-6 湖北省各样本平台的数据利用子系统耦合聚类碎石图

由表 5-12 和图 5-6 可知，随着类的不断凝聚，当类别数为 2 时，折线由陡峭突变为平稳，下降趋势趋缓，故将区域类别数设定为 2 类。结合图 5-5 可知，武汉市和孝感市的平台单独聚为一类，宜昌市、黄冈市、十堰市、荆门市、黄石市、咸宁市等其余 13 个平台聚为一类。

进一步分析发现，只有武汉市政府数据平台和孝感市政府数据平台的利用协调度高于利用耦合度，其余平台的利用协调度均低于利用耦合度。此外，武汉市政府平台和孝感市政府平台的数据利用已经达到或接近良性协调（D 值分别为 0.657427314 和 0.470871811）。对比而言，剩余的 13 个政府平台中，除去恩施州和随州市，其余 11 个平台的数据利用协调度仍处于低度协调水平（D 值均小于 0.2）。

5.5 本章小结

本章结合政府开放数据和耦合理论的内涵与特征，构建了政府数据利用耦合的指标体系，通过浏览量、浏览率、单一样本浏览率、整体样本浏览率指标衡量数据浏览行为，通过下载量、下载率、单一样本下载率、整体样本下载率指标衡量数据下载行为。

本章基于浏览行为要素和下载行为要素的功效函数、耦合度函数、协调度函数，构建了政府开放数据系统的利用耦合方程。

本章在对湖北省各样本平台的政府开放数据进行统计分析的基础上，计算浏览行为要素和下载行为要素的和综合评价指数，进而测度各政府数据开放平台的利用耦合度与利用协调度，具体研究结果如图 5-7 所示。

总的来说，数据利用是数据开放和数据价值之间的中介和桥梁。一方面，政府开放的数据只有被用户利用，才能实现其价值；另一方面，数据利用是数据价值的实现前提。因此，有关部门应该调动多元主体，协同加深政府开放数据利用的程度。

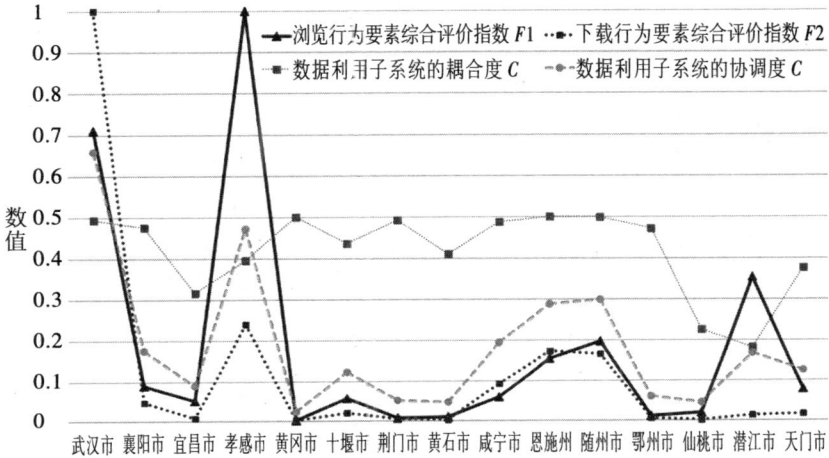

图5-7　湖北省各样本平台利用子系统的耦合协调综合情况

政府开放数据系统的价值耦合机制分析

政府开放数据的目的，不仅在于促进数据的利用，还在于实现数据的价值。通过加快数据的要素化和要素市场化进程，充分发挥数据要素对其他要素效率的倍增作用，使数据成为推动经济高质量发展的新动能，实现数据资源的价值赋能。研究政府开放数据的价值赋能及耦合机制，有利于正确把握政府数据的开放效果，掌握国家战略的发展目标和动向，为推进政府数据的开放共享、提升数据资源价值提供借鉴和参考。

6.1 政府开放数据系统的价值耦合指标体系

6.1.1 调用价值要素的研究指标

（1）数据调用量

调用量，是指通过开放的接口、软件、程序或者网站，连接到其他应用方面的流量。

本书中的数据调用，指的是用户对政府数据开放平台上开放的数据或者接口进行的调用行为。

本书中的数据调用量，指的是政府数据开放平台上每一条数据或者每一个接口的调用次数之和。

现有的政府平台上数据调用量指标的开放情况为：①大部分网站，专门提供了与数据调用量相关的元数据字段；②少部分网站，没有提供与数据调用量相关的元数据字段。据此，政府数据调用量的计算方式为：①针对提供了与数据调用量指标相关的元数据字段的网站，统计爬取的开放数据调用总量；②针对没有提供与数据调用量指标相关的元数据字段的网站，标记为0。

（2）数据调用率

调用率，指的是调用次数与另一个衡量指标之间的比率，另一衡量指标视具体研究内容而定。

本书中的数据调用率，指的是政府数据开放平台上所有数据的调用次数总量与开放数据集总量的比值。

现有的政府平台上数据调用率指标的开放情况为：①大部分网站，专门提供了与数据调用量相关的元数据字段；②少部分网站，没有提供与数据调用量相关的元数据字段。据此，政府数据调用率具体计算方式为：①针对提供了与数据调用量指标相关的元数据字段的网站，计算出开放数据调用总量与开放数据集总量的比值；②针对没有提供与数据调用量指标相关的元数据字段的网站，标记为0。

（3）单一样本数据调用率

样本，是指研究中实际观测或者调查的一部分个体。研究中的单一样本，指的是某一具体的政府数据开放平台。

本书中的单一样本数据调用率，是指某一政府数据开放平台上的数据调用次数总量与该平台数据集总量之间的比值。

现有政府平台上单一样本数据调用率指标的开放情况为：①大部分网站，专门提供了与数据调用量相关的元数据字段；②少部分网站，没有提供与数据调用量相关的元数据字段。据此，单一样本数据调用率的计算方式为：①针对提供了与数据调用量指标相关的元数据字段的网站，计算某一平台调用总量与平台数据集总量的比值；②针对没有提供与数据调用量指标相关的元数据字段的网站，标记为0。

（4）整体样本数据调用率

整体，指的是研究对象的全部，即研究样本的总和。

本书中的整体样本，指的是全部已经上线的政府数据开放平台样本。

本书中的整体样本数据调用率，是指某一政府数据开放平台的单一样本数据调用率与全部政府数据开放平台的单一样本数据调用率总和之间的比值。

现有政府平台上整体样本数据调用率指标的开放情况为：①大部分网站，专门提供了与数据调用量相关的元数据字段；②少部分网站，没有提供与数据调用量相关的元数据字段。据此，整体样本数据调用率的计算方式为：①针对提供了与数据调用量指标相关的元数据字段的网站，计算某一平台单一样本数据调用率与全部平台单一样本数据调用率之和的比值；②针对没有提供与数据调用量相关的元数据字段的网站，标记为0。

6.1.2 应用价值要素的研究指标

（1）数据应用量

应用量，指的是开发的娱乐、商务、信息服务等各种各样的应用的数量。

本书中的数据应用，指的是各类用户基于政府数据开放平台上的数据进行的开发和应用行为。

本书中的数据应用量，是指政府数据开放平台上开发的应用数量之和。

现有政府平台上数据应用量指标的开放情况为：①大部分网站，专门提供了与数据应用量相关的元数据字段；②少部分网站，没有提供与数据应用量相关的元数据字段。据此，数据应用量的计算方式为：①针对提供了与数据应用量指标相关的元数据字段的网站，统计爬取的开放数据的开发应用总数；②针对没有提供与数据应用量指标相关的元数据字段的网站，标记为0。

（2）数据应用率

应用率，是指应用开发总数与另一衡量指标之间的比率，另一衡量指标视具体研究内容而定。

本书中的数据应用率，指的是政府数据开放平台上所有的应用总数与开放数据集总量的比值。

现有政府平台上数据开发应用率指标的开放情况为：①大部分网站，专门提供了与数据应用量相关的元数据字段；②少部分网站，没有提供与数据应用量相关的元数据字段。据此，数据应用率的计算方式为：①针对提供了与数据应用量相关的元数据字段的网站，计算数据应用总量与开放数据集总量的比值；②针对没有提供与数据应用量相关的元数据字段的网站，标记为0。

（3）单一样本数据应用率

本书中的单一样本，指的是某一具体的政府数据开放平台。

本书中的单一样本数据应用率，是指某一政府数据开放平台上的数据应用总量与该个体平台数据集总量之间的比值。

现有政府平台上单一样本数据应用率指标的开放情况为：①大部分网站，专门提供了与数据应用量相关的元数据字段；②少部分网站，没有提供与数据应用量相关的元数据字段。据此，单一样本数据应用率的计算方式为：①针对提供了与数据应用量指标相关的元数据字段的网站，计算某一平台应用总量与平台数据集总量的比值；②针对没有提供与应用量相关的元数据字段的网站，标记为0。

（4）整体样本数据应用率

整体，指的是研究对象的全部，即研究样本的总和。

本书中的整体样本，指的是全部已上线的政府数据开放平台样本。

本书中的整体样本数据应用率，是指某一政府数据开放平台的单一样本数据应用率与全部政府数据开放平台的单一样本数据应用率总和之间的比值。

现有政府平台上整体样本数据应用率指标的开放情况为：①大部分网站，专门提供了与数据应用量相关的元数据字段；②少部分网站，没有提供与数据应用量相关的元数据字段。据此，整体样本数据应用率的计算方式为：①针对提供了与数据应用量相关的元数据字段的网站，计算某一平台单一样本应用率与全部平台单一样本应用率之和的比值；②针对没有提供与数据应用量相关的元数据字段的网站，标记为0。

6.2 政府开放数据系统的价值耦合函数

6.2.1 数据价值子系统的功效函数

功效函数是建立耦合函数的基础，既能通过数据标准化消除量纲、数量级和属性差异，又能反映各个要素及子系统变化对整个系统演化的贡献程度。

功效函数又分为正功效函数和负功效函数，正功效函数用于计算指标越大越好的正向指标，负功效函数则用于计算指标越小越好的负向指标。

研究假设，x_{ij}（$i=1$，2，...，m；$j=1$，2，...，n）为第 i 个子系统以及要素的第 j 个指标的数值，即序参量；$\max x_{ij}$ 和 $\min x_{ij}$ 分别代表系统稳定临界点上序参量 x_{ij} 的最大值和最小值；U_{ij} 为序参量 x_{ij} 对耦合模型的功效贡献度，可反映各指标达成的目标满意程度，U_{ij} 越接近于1表明目标满意程度越高，越接近于0则表明目标满意度越低，$U_{ij} \in [0，1]$。功效函数 U_{ij} 的计算如公式（6-1）和公式（6-2）所示。

正功效函数：

$$U_{ij} = \frac{x_{ij} - \min x_{ij}}{\max x_{ij} - \min x_{ij}}$$ （6-1）

负功效函数：

$$U_{ij} = \frac{\max x_{ij} - x_{ij}}{\max x_{ij} - \min x_{ij}}$$ （6-2）

据此，政府数据价值耦合子系统（简称"数据价值子系统）的调用价值要素和应用价值要素中，各研究指标的功效函数如公式（6-3）和公式（6-4）所示。数据价值子系统中，存在部分研究指标的数值较小、甚至为0的情况。为了避免指标数值的无意义，在数据处理的结果后面统一加上一个正数，研究采用在处理结果后面加上0.001的方法进行平移化处理。其中，i（i=1，2）是指价值耦合子系统中的各价值要素，包括调用价值要素和应用价值要素；j（j=1，2，3，4）是指价值要素中的各研究指标，在调用价值要素中包括数据调用量、数据调用率等指标，在应用价值要素中包括数据应用量和数据应用率等指标；$x_{ij}^{价值}$（i=1，2；j=1，2，3，4）表示数据价值子系统中第i个要素的第j个指标的数值，$\max x_{ij}^{价值}$和$\min x_{ij}^{价值}$分别表示数据价值子系统中序参量$x_{ij}^{价值}$的最大值和最小值，$U_{ij}^{价值}$表示序参量$x_{ij}^{价值}$对数据价值子系统的功效贡献度。

数据价值子系统中的正功效函数：

$$U_{ij}^{价值} = \left(\frac{x_{ij}^{价值} - \min x_{ij}^{价值}}{\max x_{ij}^{价值} - \min x_{ij}^{价值}} \right) \times 0.999 + 0.001$$ （6-3）

数据价值子系统中的负功效函数：

$$U_{ij}^{价值} = \left(\frac{\max x_{ij}^{价值} - x_{ij}^{价值}}{\max x_{ij}^{价值} - \min x_{ij}^{价值}} \right) \times 0.999 + 0.001$$ （6-4）

6.2.2 数据价值子系统的指标权重函数

变异系数法是在指标数据经过类型一致化和无量纲化处理后，通过计算指标数据的标准差与平均数的比值衡量观测数值的差异化程度，从而得出指标权重的一种有效客观赋权方法。

变异系数法能够反映单位均值上的离散程度，可以消除单位或平均数不同对多个样本变异程度比较的影响。据此，本书采用变异系数法来确定价值评价体系的指标权重。

基于指标无量纲化的变异系数计算及赋权公式如公式（6-5）和公式（6-6）所示。其中，V_i 表示第 i 个指标的变异系数，σ_i 表示第 i 个指标的标准差，$\overline{x_i}$ 表示第 i 个指标的平均数，W_i 表示第 i 个指标的权重。

$$V_i = \frac{\sigma_i}{\overline{x}_i} \tag{6-5}$$

$$W_i = \frac{V_i}{\sum_{i=1}^{n} V_i}, \quad \sum_{i=1}^{n} W_i = 1 \tag{6-6}$$

据此，数据价值子系统的调用价值要素和应用价值要素中，各研究指标的变异系数及其权重函数如公式（6-7）和公式（6-8）所示。其中，i（$i=1$，2）是指数据价值子系统中的价值要素，包括调用价值要素和应用价值要素；j（$j=1$，2，3，4）是指价值要素中的具体研究指标，在调用价值要素中包括数据调用量、数据调用率、单一样本数据调用率、整体样本数据调用率4个指标，在应用价值要素中包括数据应用量、数据应用率、单一样本数据应用率、整体样本数据应用率4个指标；$x_{ij}^{价值}$（$i=1$，2；$j=1$，2，3，4）表示数据价值子系统中第 i 个要素的第 j 个指标的数值，$\overline{x_{ij}^{价值}}$ 表示数据价值子系统中第 i 个要素的第 j 个指标的平均数，$\sigma_{ij}^{价值}$ 表示数据价值子系统

中第 i 个要素的第 j 个指标的标准差，$V_{ij}^{价值}$ 表示数据价值子系统中第 i 个要素的第 j 个指标的变异系数，$W_{ij}^{价值}$ 表示数据价值子系统中第 i 个要素的第 j 个指标的权重。

$$V_{ij}^{价值} = \frac{\sigma_{ij}^{价值}}{x_{ij}^{价值}} \tag{6-7}$$

$$W_{ij}^{价值} = \frac{V_{ij}^{价值}}{\sum_{i=1}^{n} V_{ij}^{价值}}, \quad \sum_{i=1}^{n} W_{i}^{价值} = 1 \tag{6-8}$$

6.2.3 数据价值子系统的综合评价函数

综合评价指数作为一种全面有效的评估工具，能够精准地衡量各子系统和要素的发展水平，进而对子系统和要素的综合现状作出客观科学的评价。

现有研究中，几何平均法和线性加权法是最为常见的两种综合评价函数。几何平均法侧重于各个指标之间的均衡性，通过计算各项指标值的几何平均数来得出综合评价值。

线性加权法更加注重各项指标在整体评价中的相对重要性，通过为各项指标赋予不同的权重，再将其与指标值相乘并求和，从而得出综合评价值。

本书在综合考量了各种方法的优缺点后，选用线性加权法进行测度。设 F_i 为第 i 个要素以及子系统的综合评价指数，具体算法如公式（6-9）所示。其中，U_{ij} 为功效系数，W_{ij} 为指标权重。

$$F_i = \sum_{j=1}^{n} W_{ij}U_{ij}(i = 1, 2, \cdots, m; \ j = 1, 2, \cdots, n) \tag{6-9}$$

据此，在数据价值子系统中，调用价值要素以及应用价值要素的综合评价函数如公式（6-10）所示。其中，i（i=1，2）指的是数据价值子系统中的具体价值要素，包括调用价值要素和应用价值要素；

j（j=1，2，3，4）指的是价值要素中的各研究指标，在调用价值要素中包括数据调用量、数据调用率等指标，在应用价值要素中包括数据应用量和数据应用率等指标；$W_{ij}^{价值}$（i=1，2；j=1，2，3，4）表示数据价值子系统中第i个要素第j个指标的权重，$U_{ij}^{价值}$（i=1，2；j=1，2，3，4）表示数据价值子系统中第i个要素的第j个指标的功效系数，$F_i^{价值}$（i=1，2，3，4）代表数据价值子系统中第i个要素的综合评价指数。

$$F_i^{价值} = \sum_{j=1}^{n} W_{ij}^{价值} U_{ij}^{价值} (i = 1, 2 ; j = 1, 2, 3, 4) \qquad (6\text{-}10)$$

6.2.4 数据价值子系统的耦合度函数

物理学科中的耦合度模型函数具体如公式（6-11）所示。其中，C_n代表这n个系统的耦合度，n表示系统个数，F_1，F_2，…，F_n代表系统某评价单元的综合评价指数。

$$C_n = \left\{ \frac{(F_1 \times F_2 \times \cdots \times F_n)}{\prod (F_1 + F_2 + \cdots + F_n)} \right\}^{\frac{1}{n}} \qquad (6\text{-}11)$$

根据物理学科中的耦合度计算公式，推导得出数据价值子系统中，调用价值要素和应用价值要素之间的耦合度函数，具体如公式（6-12）所示。其中，$C_{价值}$代表调用价值要素和应用价值要素之间的耦合度，表示两个耦合要素彼此之间的交互作用和协同效应；$F_{调用}$代表政府数据调用价值的综合评价指数及其对耦合模型的贡献程度；$F_{应用}$代表政府数据应用价值的综合评价指数及其对耦合模型的贡献程度。$C_{价值}$值越大，表明政府数据的价值耦合程度越高。

$$C_{价值} = \left\{ \frac{(F_{调用} \times F_{应用})}{(F_{调用} + F_{应用})^2} \right\}^{\frac{1}{2}} \qquad (6\text{-}12)$$

参考已有文献，耦合度C的等级评判标准见表6-1。

表6-1 价值耦合度 C 的等级评判标准

取值范围	对应阶段	阶段说明
$0<C\leq0.2$	低水平耦合	调用价值要素和应用价值要素之间低度耦合
$0.2<C\leq0.5$	拮抗耦合	调用价值要素和应用价值要素之间拮抗耦合
$0.5<C\leq0.8$	磨合耦合	调用价值要素和应用价值要素之间磨合耦合
$0.8<C\leq1$	高水平耦合	调用价值要素和应用价值要素之间高度耦合

6.2.5 数据价值子系统的耦合协调度函数

耦合度 C 只能够判定系统间相互作用的强弱程度和耦合紧密程度，无法描述系统间的协调发展程度和实际互动程度。因此，需要在耦合度模型的基础上建立耦合协调度模型，用以衡量各子系统之间的互动程度。物理学科中的耦合协调度模型如公式（6-13）和公式（6-14）所示。其中，D 代表各子系统之间的耦合协调度；C 代表耦合度；T 代表贡献度，反映政府开放数据利用行为的整体协同效应或贡献；α，β，…，γ 代表待定的系统耦合协调度系数；F_1，F_2，…，F_n 代表系统某评价单元的综合评价指数。

$$D = \sqrt{C \times T} \tag{6-13}$$

$$T = aF_1 + \beta F_2 + \cdots + \gamma F_n \tag{6-14}$$

同样借鉴物理学科中的协调度模型，推导得出数据价值子系统中，调用价值要素和应用价值要素之间的耦合协调度函数，具体如公式（6-15）和公式（6-16）所示。其中，$D_{价值}$ 代表政府数据调用价值要素和政府数据应用价值要素之间的耦合协调度；$C_{价值}$ 代表政府数据调用价值要素和政府数据应用价值要素之间的耦合度；$T_{价值}$ 代表政府数据调用价值要素和政府数据应用价值要素之间的贡献度，反映政府数据价值耦合的整体协同效应或贡献；$F_{调用}$ 代表政府数据调用价值的综合评价指数；$F_{应用}$ 代表政府数据应用价值的综合评价指数；γ 代表数据价值子系统中，政府数据调用价值要素的协调度系数；δ 代表数据价值子系统中，政府数据应用价值要素的协调度系数。

$$D_{价值} = \sqrt{C_{价值} \times T_{价值}} \qquad (6-15)$$

$$T_{价值} = \gamma F_{调用} + \delta F_{应用} \qquad (6-16)$$

参考已有文献，耦合协调度 D 的等级评判标准见表6-2。其中，当 $0 < D \leq 0.2$ 时属于低度协调，表示调用价值要素和应用价值要素间的协调程度很低，整体效能和效率受到较大影响。当 $0.8 < D \leq 1$ 时属于高度协调，表示调用价值要素和应用价值要素之间达到极高的协调水平，这种协调状态能够极大提升系统或流程的性能和效率，实现资源的最优配置和利用。

表6-2 耦合协调度 D 的等级评判标准

取值范围	对应阶段	阶段说明
$0 < D \leq 0.2$	低度协调	调用价值要素和应用价值要素之间低度协调
$0.2 < D \leq 0.5$	中度协调	调用价值要素和应用价值要素之间中度协调
$0.5 < D \leq 0.8$	良性协调	调用价值要素和应用价值要素之间良性协调
$0.8 < D \leq 1$	高度协调	调用价值要素和应用价值要素之间高度协调

6.3 湖北省政府开放数据系统的价值耦合实证分析

6.3.1 数据价值子系统的数据获取与处理

（1）价值耦合的研究样本

基于我国政府数据开放现状，已有的数据开放平台包括集中专有式平台和统一嵌入式平台两种类型。其中，集中专有式平台大多以"data.gov.cn"为域名，因此以"data.gov.cn"为域名对集中专有式平台进行搜索。而统一嵌入式平台的数据嵌入在政府网站栏目中，因此在对应的政府网站的数据开放栏目中进行搜索。

截至2024年，湖北省17个地级行政区中共建立了15个地方性数据开放平台，荆州市和神农架林区的数据开放平台暂未上线，故而剔除这两个区域，保留剩余的15个政府数据开放平台作为研究样本。样本具体情况如表4-3所示（详见第4章）。

（2）研究样本的指标统计

基于上述评估框架，本书主要采用数据爬虫和人工观察的方法采集数据。

本书对采集到的各项指标的数据进行统计分析，主要得出政府数据开放平台的数据调用量、数据调用率、单一样本数据调用率、整体样本数据调用率以及数据应用量、数据应用率、单一样本数据应用率、整体样本数据应用率的指标概况。

本书对各平台上出现的以下三种情况，不视为有效指标数据：一是指标数据名称下不存在可直接下载或获取的数据；二是指标数据名称下提供的网页链接无效；三是指标数据名称下为0行数据。

此外，本书将各平台上出现的以下三种情况，只视为一个有效的指标数据：一是同样名称的指标数据重复出现；二是平台上标注的指标数据名称不同，但实际下载后具有相同的名称和内容；三是同一个指标数据被分拆为多个数据结构相同的指标数据。

①调用价值要素的指标统计

湖北省15个样本平台的数据调用量、数据调用率、单一样本数据调用率以及整体样本数据调用率，具体见表6-3。

表 6-3　　湖北省各样本平台数据调用价值要素的指标统计情况

样本平台	数据调用量	数据调用率	单一样本数据调用率	整体样本数据调用率
武汉市	692 271 689	0.999955355	517 006.4892	0.999199894
襄阳市	2 638	3.81047E-06	1.416756176	2.73811E-06
宜昌市	2 638	3.81047E-06	4.367549669	8.44101E-06
孝感市	513	7.41005E-07	1	1.93266E-06
黄冈市	0	0	0	0
十堰市	9 305	1.34407E-05	15.98797251	3.08994E-05
荆门市	1 684	2.43245E-06	2.918544194	5.64057E-06
黄石市	1 048	1.51379E-06	61.64705882	0.000119143
咸宁市	660	9.5334E-07	33	6.37779E-05
恩施州	4 542	6.56071E-06	197.4782609	0.000381659
随州市	0	0	0	0
鄂州市	685	9.89452E-07	3.357843137	6.48958E-06
仙桃市	209	3.01891E-07	2.09	4.03927E-06
潜江市	0	0	0	0
天门市	6 986	1.0091E-05	90.72727273	0.000175345

其中,数据调用量、数据调用率排名靠前的政府数据开放平台均依次为武汉市、十堰市、天门市、恩施州、襄阳市、宜昌市的平台。单一样本数据调用率和整体样本数据调用率排名靠前的政府数据开放平台均依次为武汉市、恩施州、天门市、黄石市、咸宁市、十堰市、宜昌市的平台。

②应用价值要素的指标统计

湖北省15个样本平台的数据应用量、数据应用率、单一样本数据应用率以及整体样本数据应用率,具体见表6-4。

表6-4 湖北省各样本平台数据应用价值要素的指标统计情况

样本平台	数据应用量	数据应用率	单一样本数据应用率	整体样本数据应用率
武汉市	74	0.804347826	0.055265123	0.111124902
襄阳市	0	0	0	0
宜昌市	3	0.032608696	0.004966887	0.009987219
孝感市	0	0	0	0
黄冈市	0	0	0	0
十堰市	0	0	0	0
荆门市	6	0.065217391	0.010398614	0.020909117
黄石市	5	0.054347826	0.294117647	0.591400016
咸宁市	0	0	0	0
恩施州	3	0.032608696	0.130434783	0.26227305
随州市	1	0.010869565	0.002141328	0.004305696
鄂州市	0	0	0	0
仙桃市	0	0	0	0
潜江市	0	0	0	0
天门市	0	0	0	0

其中，数据应用量和数据应用率排名靠前的政府数据开放平台均依次为武汉市、荆门市、黄石市、恩施州、宜昌市的平台。单一样本数据应用率及整体样本数据应用率排名靠前的政府数据开放平台均依次为黄石市、恩施州、武汉市、荆门市、宜昌市的平台。

6.3.2 数据价值子系统的功效系数与指标权重分析

（1）调用价值要素与应用价值要素的功效系数

根据前文的功效函数及其平移化处理公式，计算得到经过平移化处理后的样本平台的各项价值指标功效系数，分别见表6-5和表6-6。几何平均数作为统计学中最基本、最常用的一种平均指标，主要适用于数值型数据，能够反映样本数据总体的特点。据此，本书采用几何平均法分析数据价值子系统的调用价值要素和应用价值要素中各项指标的具体情况。

表6-5　　湖北省各样本平台调用价值要素的指标功效系数

样本平台	U数据调用量	U数据调用率	U单一样本 数据调用率	U整体样本 数据调用率
武汉市	1	1	1	1
襄阳市	0.001003807	0.001003807	0.001002738	0.001002738
宜昌市	0.001003807	0.001003807	0.001008439	0.001008439
孝感市	0.00100074	0.00100074	0.001001932	0.001001932
黄冈市	0.001	0.001	0.001	0.001
十堰市	0.001013428	0.001013428	0.001030893	0.001030893
荆门市	0.00100243	0.00100243	0.001005639	0.001005639
黄石市	0.001001512	0.001001512	0.001119119	0.001119119
咸宁市	0.001000952	0.001000952	0.001063765	0.001063765
恩施州	0.001006554	0.001006554	0.001381583	0.001381583
随州市	0.001	0.001	0.001	0.001
鄂州市	0.001000989	0.001000989	0.001006488	0.001006488
仙桃市	0.001000302	0.001000302	0.001004038	0.001004038
潜江市	0.001	0.001	0.001	0.001
天门市	0.001010081	0.001010081	0.00117531	0.00117531

表6-6　　湖北省各样本平台应用价值要素的指标功效系数

样本平台	U数据应用量	U数据应用率	U单一样本数据 应用率	U整体样本数据 应用率
武汉市	1	1	0.188713518	0.188713518
襄阳市	0.001	0.001	0.001	0.001
宜昌市	0.0415	0.0415	0.01787053	0.01787053
孝感市	0.001	0.001	0.001	0.001

样本平台	U数据应用量	U数据应用率	U单一样本数据应用率	U整体样本数据应用率
黄冈市	0.001	0.001	0.001	0.001
十堰市	0.001	0.001	0.001	0.001
荆门市	0.082	0.082	0.036319931	0.036319931
黄石市	0.0685	0.0685	1	1
咸宁市	0.001	0.001	0.001	0.001
恩施州	0.0415	0.0415	0.444034783	0.444034783
随州市	0.0145	0.0145	0.008273233	0.008273233
鄂州市	0.001	0.001	0.001	0.001
仙桃市	0.001	0.001	0.001	0.001
潜江市	0.001	0.001	0.001	0.001
天门市	0.001	0.001	0.001	0.001

（2）调用价值要素与应用价值要素的指标权重

根据前文的变异系数函数和权重计算公式，计算得到调用价值要素与应用价值要素各项研究指标的权重，分别见表6-7和表6-8。

表6-7　　　　　　　　调用价值要素内的各研究指标权重

研究指标	数据调用量	数据调用率	单一样本数据调用率	整体样本数据调用率
标准差	0.249193587	0.249193587	0.249180149	0.249180149
平均数	0.067602974	0.067602974	0.06765333	0.06765333
变异系数	3.686133529	3.686133529	3.683191205	3.683191205
变异系数之和	14.73864947	14.73864947	14.73864947	14.73864947
研究指标权重	0.250099817	0.250099817	0.249900183	0.249900183

表6-8　　　　　　　　　　应用价值要素内的各研究指标权重

研究指标	数据应用量	数据应用率	单一样本数据应用率	整体样本数据应用率
标准差	0.246271314	0.246271314	0.263422734	0.263422734
平均数	0.0838	0.0838	0.113614133	0.113614133
变异系数	2.938798494	2.938798494	2.318573642	2.318573642
变异系数之和	10.51474427	10.51474427	10.51474427	10.51474427
研究指标权重	0.279493102	0.279493102	0.220506898	0.220506898

调用价值要素中，数据调用量、数据调用率、单一样本数据调用率和整体样本数据调用率指标的功效系数几何平均值依次为0.067602974、0.067602974、0.06765333、0.06765333。这说明就整体而言，湖北省政府数据价值现状中，数据调用的比率情况要优于数据调用的量值情况。

应用价值要素中，数据应用量、数据应用率、单一样本数据应用率和整体样本数据应用率指标的功效系数几何平均值依次为0.0838、0.0838、0.113614133、0.113614133。这说明就整体而言，湖北省政府数据价值现状中，数据应用的比率情况要优于数据应用的量值情况。

标准差能够体现各样本平台在该项研究指标上得分的离散程度，标准差较大说明各平台在该指标项上存在较大的差异，标准差较小说明各平台在该指标项上具有较小的差异。本书据此研究基于各项指标数据的功效系数，计算价值要素中具体的标准差。

调用价值要素中，数据调用量、数据调用率、单一样本数据调用率和整体样本数据调用率指标的功效系数的标准差分别为0.249193587、0.249193587、0.249180149、0.249180149。

应用价值要素中，数据应用量、数据应用率、单一样本数据应用率以及整体样本数据应用率指标的功效系数标准差分别为0.246271314、0.246271314、0.263422734、0.263422734。

这说明通过功效函数的标准化计算，已经消除了数据价值指标在量纲、数量级和属性等方面的差异。此外可知，湖北省各地方政府开放平台在数据调用价值方面的差异较小，而在数据应用价值方面具有较大的差异。

基于各指标的测度公式，调用量与调用率指标的功效系数一致，因而其变异系数和指标权重相同，单一样本调用率与整体样本调用率的指标权重亦相同（其他研究指标依此类推）。调用价值要素中，数据调用量、数据调用率、单一样本数据调用率以及整体样本数据调用率的指标权重分别为0.250099817、0.250099817、0.249900183、0.249900183，指标的权重之和为1；应用价值要素中，数据应用量、数据应用率、单一样本数据应用率以及整体样本数据应用率的指标权重分别为0.279493102、0.279493102、0.220506898、0.220506898，指标的权重之和为1。

6.3.3 数据价值子系统的综合评价分析

在数据价值子系统中，调用价值要素和应用价值要素是彼此不同但又相互作用的两大要素，调用价值要素主要关注如何高效地获取、整合以及处理政府数据，应用价值要素则侧重于如何将政府数据转化为实际的社会效益和经济效益，需要对耦合要素以及子系统有序程度的综合贡献水平进行评价计算。具体计算过程为：首先，分别计算出数据调用量、数据调用率、单一样本数据调用率和整体样本数据调用率的总功效值，得到调用价值要素的综合评价指数。其次，分别计算出数据应用量、数据应用率、单一样本数据应用率以及整体样本数据应用率的总功效值，得到应用价值要素的综合评价指数。最后，基于调用价值要素和应用价值要素的综合评价指数，进一步得到数据价值子系统的综合评价指数。根据综合评价函数，计算得到的样本平台要素的综合评价指数等具体如表6-9和图6-1所示。

表6-9 样本平台调用价值要素和应用价值要素的综合评价指数

样本平台	调用价值要素 综合评价指数	应用价值要素 综合评价指数
武汉市	1	0.642211469
襄阳市	0.001003272	0.001
宜昌市	0.001006122	0.031079078
孝感市	0.001001336	0.001
黄冈市	0.001	0.001
十堰市	0.001022157	0.001
荆门市	0.001004034	0.061854459
黄石市	0.001060292	0.479304351
咸宁市	0.001032346	0.001
恩施州	0.001193994	0.219023392
随州市	0.001	0.01175391
鄂州市	0.001003737	0.001
仙桃市	0.001002169	0.001
潜江市	0.001	0.001
天门市	0.001092663	0.001

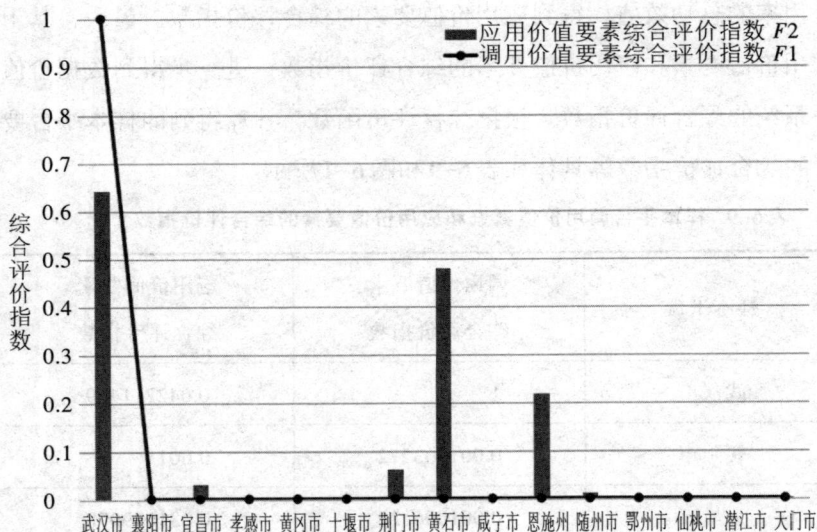

图6-1　湖北省各样本平台价值要素的综合评价指数

　　在单独样本平台中，选用线性加权法进行计算。湖北省样本平台中，调用价值要素和应用价值要素综合评价指数较高的平台之间互有交集，具有较为一致的倾向性，武汉市在数据调用价值和数据应用价值方面均位居第一。具体表现在：调用价值要素综合评价指数排名靠前的政府数据开放平台依次为武汉市、恩施州、天门市、黄石市、咸宁市的平台。应用价值要素综合评价指数排名靠前的政府数据开放平台依次为武汉市、黄石市、恩施州、荆门市、宜昌市的平台。

　　在整体样本平台中，分别采用几何平均法和线性加权法进行计算。采用几何平均法计算，湖北省政府数据门户网站的调用价值要素和应用价值要素综合评价指数分别为0.067628142、0.096948444。比外，采用线性加权法进行计算，湖北省政府数据开放平台的调用价值要素和应用价值要素综合评价指数分别为1.014422123、1.454226659。可以看到，不论是采用几何平均法，还是采用线性加权法，政府数据应用价值要素综合评价指数均高于数据的调用价值要素综合评价指数。

这说明，湖北数据门户网站上，政府开放数据的应用现状优于调用现状。

6.3.4　数据价值子系统的耦合度与协调度分析

（1）调用价值要素与应用价值要素的耦合度

根据前文的耦合函数计算公式，结合样本平台的调用价值综合评价指数和应用价值综合评价指数，本书计算得到湖北省样本平台调用价值要素与应用价值要素之间的耦合程度，具体如图6-2所示。

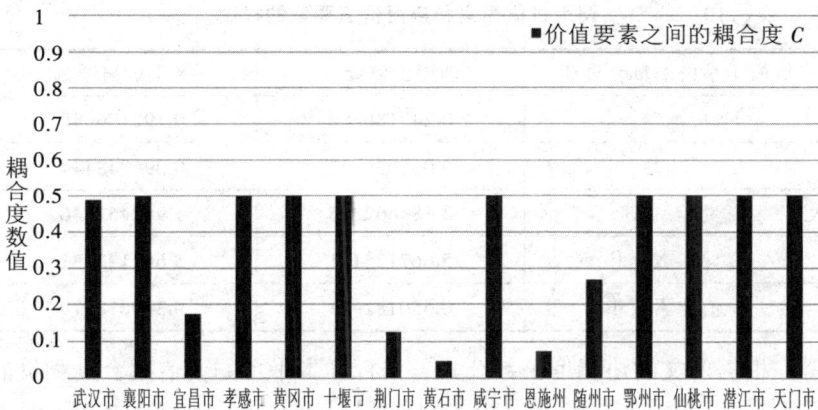

图6-2　湖北省各样本平台价值要素之间的耦合度

就单独样本平台而言，政府数据价值耦合度排名前五的平台依次为黄冈市、潜江市、孝感市、仙桃市、襄阳市的平台。15个样本平台中，已有11个政府平台的数据价值子系统达到拮抗阶段（C值大于0.2），占整体样本平台的73.33%。

就整体样本平台而言，政府开放数据的价值耦合度为0.49200113，处于拮抗耦合阶段并且接近磨合耦合阶段。价值耦合度的标准差和极差分别为0.17616774、0.453070335，样本平台之间的价值耦合水平差距较小。这说明湖北省样本平台的调用价值要素和应用价值要素之间已经经历并超越了低水平耦合阶段，数据价值子系统正在成长，向着更加融合的阶段发展。

（2）调用价值要素与应用价值要素的协调度

根据前文变异系数函数和权重公式，结合样本平台的调用价值综合评价指数和应用价值综合评价指数，计算得到政府数据价值子系统中，调用价值要素和应用价值要素的权重，具体如表6-10所示。其中，调用价值要素的权重为0.650181921，应用价值要素的权重为0.349818079，要素的权重之和为1。

表6-10   调用价值要素和应用价值要素的权重

价值子系统的耦合要素	调用价值要素	应用价值要素
标准差	0.249186866	0.192196688
平均数	0.067628142	0.096948444
变异系数	3.684662335	1.982462846
变异系数之和	5.667125181	5.667125181
价值要素权重	0.650181921	0.349818079

根据前文的协调度函数公式，结合样本平台的价值耦合度和价值要素权重，分别计算出湖北省样本平台调用价值要素和应用价值要素之间的耦合协调度，具体如图6-3所示。

就单独样本平台而言，政府数据价值协调度排名前五的平台依次为武汉市、黄石市、恩施州、荆门市、宜昌市的平台。15个政府数据开放平台中，只有武汉市这一个政府平台的数据价值子系统达到了中度协调的水平（严格说是达到良性协调），占总体样本平台的6.67%。对比而言，剩余14个政府平台的数据价值子系统仍处于低度协调水平（D值小于0.2），占样本总体的93.33%。这意味着政府数据价值要素之间存在明显的冲突或不一致，导致整体效能和效率受到较大影响，需要采取措施来加强要素之间的协调，以提高整体性能。

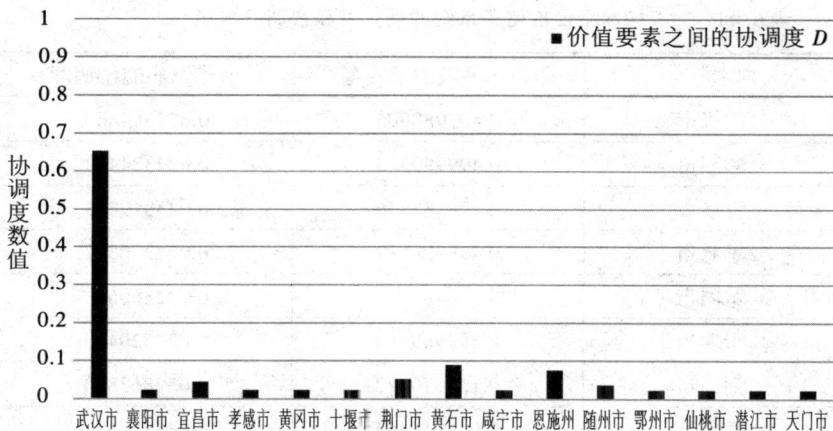

图6-3 湖北省各样本平台价值要素之间的协调度

就整体样本平台而言，采用几何平均法计算得到的数据价值协调度为0.195753583，这说明湖北省样本平台的数据价值子系统整体处于低度协调阶段（D值小于0.2），已有平台的调用价值要素和应用价值要素处于极度失调状态。此外，湖北省样本平台的调用价值要素和应用价值要素协调度的标准差和极差分别为0.155440823、0.631024181，说明湖北省样本平台之间的价值协调水平差距较大，存在两极分化现象。

（3）数据价值子系统的耦合协调综合性分析

根据样本平台调用价值要素和应用价值要素之间的耦合度和耦合协调度数值，绘制二者之间的组合图，具体如表6-11和图6-4所示。

就单独样本平台而言，只有武汉市、黄石市、恩施州政府数据开放平台的价值协调度高于价值耦合度，其余12个平台的价值协调度均低于价值耦合度。造成该现象的原因是，武汉市、黄石市、恩施州平台的数据价值要素之间的综合发展水平相差较大，导致其价值耦合度较低；此外，这些平台的价值要素整体水平均较高，因而其价值协调度较高；对比而言，也就出现了价值协调度高于价值耦合度。

表6-11　　　　样本平台价值子系统的耦合度和协调度数值

样本平台	价值子系统的耦合度 C	价值子系统的协调度 D
武汉市	0.487988905	0.65338486
襄阳市	0.499999333	0.02238444
宜昌市	0.174282856	0.044819823
孝感市	0.499999889	0.022370387
黄冈市	0.5	0.02236068
十堰市	0.499969984	0.022520493
荆门市	0.125370622	0.052863863
黄石市	0.046929665	0.08888767
咸宁市	0.499936668	0.022593159
恩施州	0.073433575	0.075388104
随州市	0.268811492	0.03577788
鄂州市	0.49999913	0.022387811
仙桃市	0.499999707	0.022376437
潜江市	0.5	0.02236068
天门市	0.499509583	0.023013124

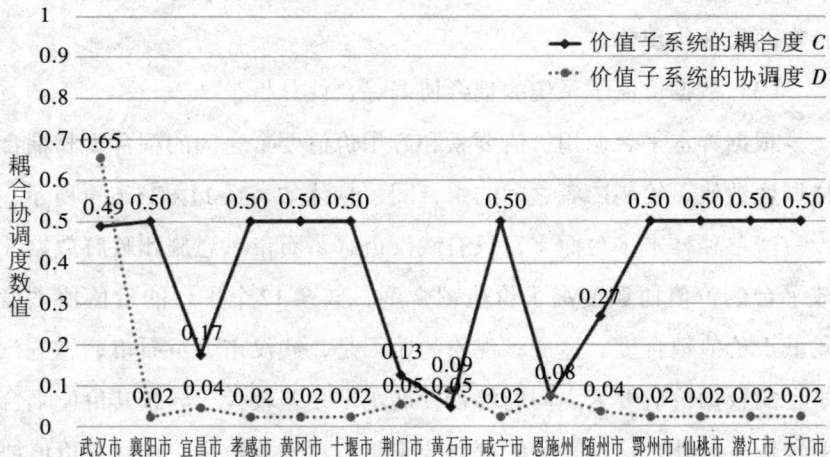

图6-4　湖北省各样本平台价值子系统的耦合度和协调度

就整体样本平台而言，政府数据的价值耦合度（0.49200113）高于价值协调度（0.195753583）。

本书分析发现，造成该现象的原因是，整体平台的数据价值要素之间的综合发展水平相差不大，导致价值子系统的耦合度较高；此外，这些平台的价值要素整体水平均较低，因而其价值协调度较低；耦合度和协调度对比而言，就出现了价值耦合度高于价值协调度的现象。

6.4 数据价值耦合机制的湖北省各平台聚类分析

为深入揭示各平台政府数据的价值现状与亲疏关系，本书对15个样本平台的价值耦合度和价值协调度进行聚类分析。

聚类分析是指在事先不规定分组规则的情况下，将数据按照其自身的特征划分成不同群组，各群组内部数据差距尽可能小，而各群组数据之间的差距尽可能大。

本书采用UPGMA算法（非加权组平均法）进行聚类，聚类指标主要参考调用价值要素综合评价指数、应用价值要素综合评价指数、数据价值子系统的耦合度、数据价值子系统的协调度4个指标数值，最终形成的系统耦合分层聚类图如图6-5所示。

为了更好地确定价值耦合的聚类数目，本书采用碎石检验进行辅助判断。其中，个体距离采用平方欧式距离，类间距离采用Ward（平均组间）链接，得到价值耦合聚类系数表，如表6-12所示。通过聚类系数和类别个数，绘制数据价值聚类的碎石图，如图6-6所示。

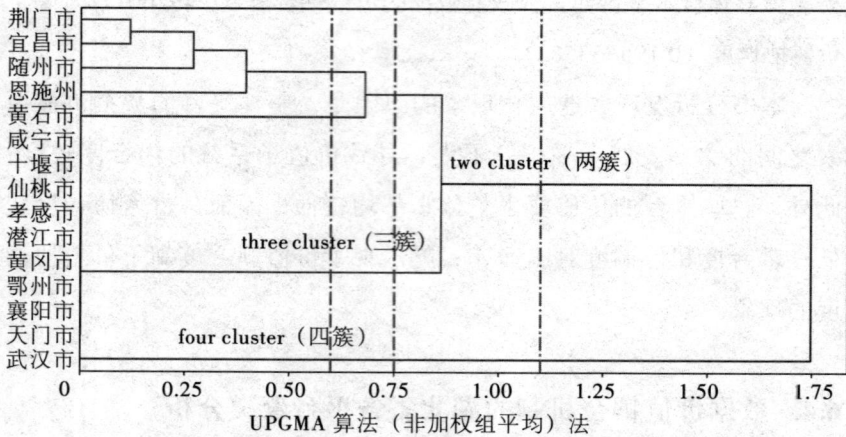

荆门市
宜昌市
随州市
恩施州
黄石市
咸宁市
十堰市
仙桃市
孝感市
潜江市
黄冈市
鄂州市
襄阳市
天门市
武汉市

two cluster（两簇）

three cluster（三簇）

four cluster（四簇）

0   0.25   0.50   0.75   1.00   1.25   1.50   1.75

UPGMA 算法（非加权组平均）法

图 6-5　湖北省样本平台的价值子系统耦合分层聚类图

表 6-12　　　　湖北省各样本平台的价值耦合聚类系数表

阶	类别数	群集组合		系数	首次出现阶群集		下一阶
		群集 1	群集 2		群集 1	群集 2	
14	1	1	2	2.313	0	13	0
13	2	2	3	0.695	8	12	14
12	3	3	8	0.187	10	11	13
11	4	8	10	0.046	0	0	12
10	5	3	11	0.012	9	0	12
9	6	3	7	0.002	0	0	10
8	7	2	15	0	7	0	13
7	8	2	6	0	5	6	8
6	9	6	9	0	0	0	7
5	10	2	5	0	4	1	7
4	11	2	4	0	2	3	5
3	12	4	13	0	0	0	4
2	13	2	12	0	0	0	4
1	14	5	14	0	0	0	5

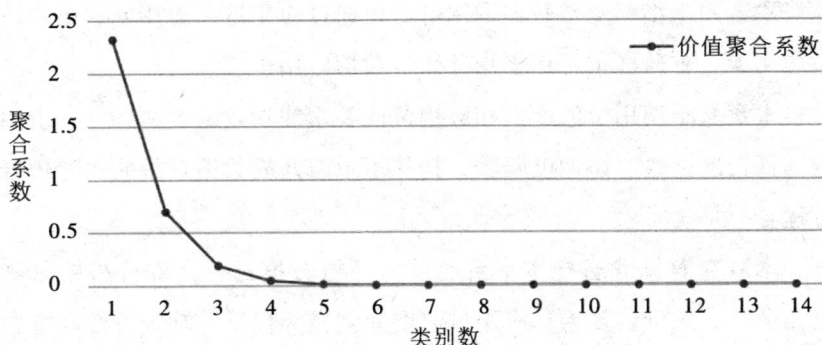

图6-6　湖北省各样本平台的价值子系统耦合聚类碎石图

由表6-12和图6-6可知，随着类的不断凝聚，当类别数为2时，折线由陡峭突变为平稳，下降趋势趋缓，故将区域类别数设定为2类。结合图6-5可知，武汉市的平台单独聚为一类，宜昌市、孝感市、黄冈市、十堰市、荆门市、黄石市、咸宁市等其余14个平台聚为一类。

本书进一步分析发现，武汉市平台的价值子系统已经接近磨合耦合阶段（C值为0.487988905），且其数据价值已经达到良性协调水平（D值为0.65338486）。而孝感市、黄冈市、十堰市、荆门市等其余14个政府平台的数据价值虽然在耦合程度方面大多数达到拮抗耦合阶段（C值大多数均高于0.2且低于0.5），但是其价值协调度仍处于低度协调水平（D值均低于0.2），原因在于其数据调用价值要素和应用价值要素均处于低水平发展阶段。

6.5　本章小结

本章结合政府开放数据和耦合理论的内涵与特征，构建了政府数据价值耦合的指标体系，通过调用量、调用率、单一样本调用率、整体样本调用率指标衡量数据调用价值，通过应用量、应用率、单一样本应用率、整体样本应用率指标衡量数据应用价值。

本章基于调用价值要素和应用价值要素的功效函数、综合评价函数、耦合度函数、协调度函数，构建了政府开放数据系统的价值耦合方程。

本章在对湖北省样本平台的政府开放数据进行统计分析的基础上，计算调用价值要素和应用价值要素的指标权重、功效系数和综合评价指数，进而测度各政府数据开放平台的价值耦合度与价值协调度，具体研究结果如图6-7所示。总的来说，应该进一步挖掘数据资源价值，利用政府开放数据转变社会生活方式、提高公众生活质量，利用政府开放数据转变经济发展方式、激发市场活力，利用政府开放数据转变传统行政模式、提升政府治理能力。

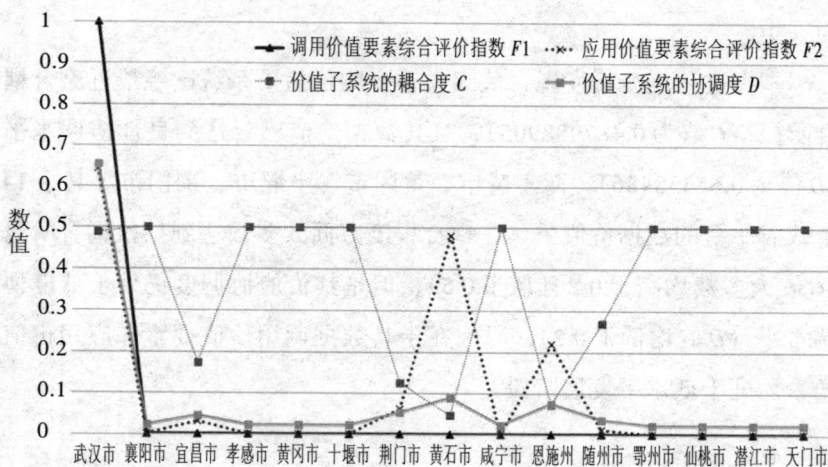

图6-7　湖北省各样本平台价值子系统的耦合协调综合情况

7

政府开放数据系统的耦合机制分析

政府数据从被开放、被使用到实现价值是一个全生命周期的过程，其中，政府、数据以及用户一起组成了政府开放数据的生态系统。因此，研究政府开放数据系统耦合机制，有助于加快政府数据开放进程、促进政府数据利用、实现政府数据价值增值，进一步促进湖北经济社会发展、促进湖北省政府治理体系和治理能力的数字化、现代化建设。

7.1 政府开放数据系统的耦合函数

7.1.1 政府开放数据系统的综合评价函数

综合评价指数能够衡量子系统和要素的发展水平，评价子系统和要素的综合现状。

现有研究中关于综合评价函数常用的计算方法包括几何平均法和线性加权法，本书选用线性加权法进行综合测度。设 F_i 为第 i 个要素及子系统的综合评价指数，具体算法如公式（7-1）所示。其中，U_{ij} 为功效系数，W_{ij} 为指标权重。

$$F_i = \sum_{j=1}^{n} W_{ij}U_{ij}(i = 1,\ 2,\ \cdots,\ m\ ;\ \ j = 1,\ 2,\ \cdots,\ n) \qquad (7-1)$$

政府开放数据耦合系统中，各子系统的综合评价函数如公式（7-2）所示。其中，i（$i=1$，2，3）代表政府开放数据系统的3个子系统，包括数据开放子系统、数据利用子系统、数据价值子系统；j（$j=1$，2）对应的是子系统中的各个要素，在数据开放子系统中指的是开放数量要素和开放质量要素，在数据利用子系统中指的是浏览行为要素和下载行为要素，在数据价值子系统中指的是调用价值要素和应用价值要素；$W_{ij}^{系统}$（$i=1$，2，3；$j=1$，2）是政府开放数据系统中

第 i 个子系统的第 j 个要素的权重，$U_{ij}^{系统}$（i=1，2，3；j=1，2）表示政府开放数据系统中第 i 个子系统的第 j 个要素的功效系数，$F_{i}^{系统}$（i=1，2，3）表示政府开放数据系统中第 i 个子系统的综合评价指数。

$$F_{i}^{系统} = \sum_{j=1}^{n} W_{ij}^{系统} U_{ij}^{系统} \quad (i = 1,\ 2\ ;\ j = 1,\ 2,\ 3,\ 4) \tag{7-2}$$

7.1.2 政府开放数据系统的耦合度函数

物理学科中的耦合度模型如公式（7-3）所示。其中，C_n 代表这 n 个系统的耦合度，n 表示系统个数，F_1，F_2，…，F_n 指的是系统某评价单元的综合评价指数。

$$C_n = \left\{ \frac{(F_1 \times F_2 \times \cdots \times F_n)}{\prod (F_1 + F_2 + \cdots + F_n)} \right\}^{\frac{1}{r}} \tag{7-3}$$

根据物理学科中的耦合度计算公式，本书推导得出政府开放数据系统中，数据开放子系统、数据利用子系统、数据价值子系统之间的耦合度函数，如公式（7-4）所示。其中，$C_{系统}$ 代表数据开放子系统、数据利用子系统、数据价值子系统之间的耦合度，表示3个子系统彼此之间的交互作用和协同效应；$F_{开放}$ 代表数据开放子系统的综合评价指数及其对耦合系统的贡献程度；$F_{利用}$ 代表数据利用子系统的综合评价指数及其对耦合系统的贡献程度；$F_{价值}$ 代表数据价值子系统的综合评价指数及其对耦合系统的贡献程度。C 值越大，表明在政府开放数据系统中，数据开放子系统、数据利用子系统、数据价值子系统之间耦合程度越高，各子系统之间的协同作用与相互依赖关系更为紧密，能够促进政府数据的流通与利用，增强政府决策的科学性与精准度，为政府数字化转型奠定坚实基础。

$$C_{系统} = \left\{ \frac{(F_{开放} \times F_{利用} \times F_{价值})}{(F_{开放} + F_{利用} + F_{价值})^3} \right\}^{\frac{1}{3}} \tag{7-4}$$

参考已有文献，耦合度 C 的等级评判标准如表7-1所示。当 $0<C\leqslant0.2$，意味着数据开放子系统、数据利用子系统、数据价值子系统之间处于低水平耦合；当 $0.2<C\leqslant0.5$，意味着子系统之间处于拮抗耦合；当 $0.5<C\leqslant0.8$，意味着子系统之间处于磨合耦合；当 $0.8<C\leqslant1$，意味着子系统之间处于高水平耦合。

表7-1 系统耦合度 C 的等级评判标准

取值范围	对应阶段	阶段说明
$0<C\leqslant0.2$	低水平耦合	数据开放子系统、数据利用子系统、数据价值子系统之间低度耦合
$0.2<C\leqslant0.5$	拮抗耦合	数据开放子系统、数据利用子系统、数据价值子系统之间拮抗耦合
$0.5<C\leqslant0.8$	磨合耦合	数据开放子系统、数据利用子系统、数据价值子系统之间磨合耦合
$0.8<C\leqslant1$	高水平耦合	数据开放子系统、数据利用子系统、数据价值子系统之间高度耦合

7.1.3 政府开放数据系统的协调度函数

耦合度 C 只能够反映系统（或者子系统）之间相互作用的强弱程度和耦合紧密程度，无法反映系统（或者子系统）之间的协调发展程度和实际互动程度。因此，需要在耦合度的基础之上建立耦合协调度模型，用以衡量系统（或者子系统）之间的互动程度。

物理学科中的耦合协调函数如公式（7-5）和公式（7-6）所示。其中，D 为各个系统或者子系统之间的耦合协调度；C 为各个系统或者子系统之间的耦合度；T 则是贡献度，反映政府开放数据系统的整体协同效应或贡献；α，β，...，γ 为待定的系统耦合协调度系数；F_1，F_2，...，F_n 代表系统某评价单元的综合评价指数。

$$D = \sqrt{C \times T} \tag{7-5}$$

$$T = aF_1 + \beta F_2 + \cdots + \gamma F_n \tag{7-6}$$

本书借鉴物理学科中的协调度模型，推导得出政府开放数据耦合系统中，数据开放子系统、数据利用子系统和数据价值子系统之间的耦合协调度函数，具体如公式（7-7）和公式（7-8）所示。其中，$D_{系统}$为数据开放子系统、数据利用子系统和数据价值子系统之间的耦合协调度；$C_{系统}$为数据开放子系统、数据利用子系统和数据价值子系统之间的耦合度；$T_{系统}$为数据开放子系统、数据利用子系统和数据价值子系统之间的贡献度，反映政府开放数据的整体协同效应和耦合贡献；α为数据开放子系统的协调度系数；β为数据利用子系统的协调度系数；γ为数据价值子系统的协调度系数；$F_{开放}$为数据开放子系统的综合评价指数；$F_{利用}$为数据利用子系统的综合评价指数；$F_{价值}$为数据价值子系统的综合评价指数。

$$D_{系统} = \sqrt{C_{系统} \times T_{系统}} \tag{7-7}$$

$$T_{系统} = \alpha F_{开放} + \beta F_{利用} + \gamma F_{价值} \tag{7-8}$$

参考已有文献，耦合协调度 D 的等级评判标准如表7-2所示。

表7-2　　　　　**系统耦合协调度 D 的等级评判标准**

取值范围	对应阶段	阶段说明
$0<D\leq0.2$	低度协调	数据开放子系统、数据利用子系统、数据价值子系统之间低度协调
$0.2<D\leq0.5$	中度协调	数据开放子系统、数据利用子系统、数据价值子系统之间中度协调
$0.5<D\leq0.8$	良性协调	数据开放子系统、数据利用子系统、数据价值子系统之间良性协调
$0.8<D\leq1$	高度协调	数据开放子系统、数据利用子系统、数据价值子系统之间高度协调

7.2　湖北省政府开放数据系统耦合的实证分析

7.2.1　数据开放子系统、数据利用子系统、数据价值子系统的综合贡献度

在政府开放数据整体系统中，数据开放子系统、数据利用子系统和数据价值子系统是彼此不同但又相互作用的3个子系统，需要对各子系统有序程度的综合贡献水平进行评价计算。具体计算过程为：第一步，分别计算出开放数量要素和开放质量要素的总功效值，得到数据开放子系统的综合评价指数。第二步，分别计算出浏览行为要素和下载行为要素的总功效值，得到数据利用子系统的综合评价指数。第三步，分别计算出调用价值要素和应用价值要素的总功效值，得到数据价值子系统的综合评价指数。根据前文的综合评价函数，计算得到样本平台数据开放子系统、数据利用子系统和数据价值子系统的综合评价指数，具体如表7-3和图7-1所示。

表7-3　　样本平台数据开放子系统、数据利用子系统、数据价值子系统的综合评价指数

样本平台	数据开放子系统综合评价指数	数据利用子系统综合评价指数	数据价值子系统综合评价指数
武汉市	0.885133828	0.877188671	0.874839103
襄阳市	0.561449421	0.064633521	0.001002128
宜昌市	0.296647926	0.025032919	0.011526186
孝感市	0.249309207	0.561201186	0.001000869
黄冈市	0.095655457	0.001	0.001
十堰市	0.182395964	0.034548226	0.001014406

样本平台	数据开放子系统综合评价指数	数据利用子系统综合评价指数	数据价值子系统综合评价指数
荆门市	0.256420543	0.005131393	0.022290613
黄石市	0.086885166	0.005032029	0.16835871
咸宁市	0.001816097	0.077496928	0.001021031
恩施州	0.144907536	0.16546913	0.077394656
随州市	0.234508602	0.178924705	0.004761912
鄂州市	0.20986788	0.007331742	0.00100243
仙桃市	0.259786775	0.008437484	0.00100141
潜江市	0.066381843	0.156396063	0.001
天门市	0.044073881	0.041523917	0.001060248

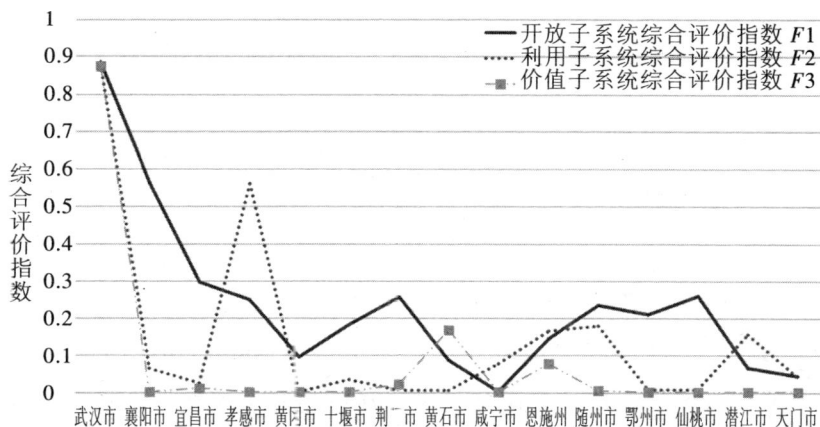

图7-1 湖北省各样本平台开放、利用和价值子系统的综合评价指数

在单独样本平台中，本书选用线性加权法进行计算，以此来全面、客观地反映平台在各方面的表现。

15个样本平台中，数据开放子系统、数据利用子系统和数据价值子系统综合评价指数较高的平台之间互有交集，武汉市政府数据平台在数据开放、数据利用和数据价值3个方面均位居第一。

已有的政府数据开放平台在趋势上呈现较为一致的倾向性，都致力于提升数据开放度、加强数据利用和挖掘数据价值，以更好地服务于政府决策、社会治理和经济发展。

各子系统具体呈现以下特性：

（1）数据开放子系统综合评价指数排名靠前的政府数据开放平台依次为武汉市、襄阳市、宜昌市、仙桃市、荆门市的平台。

（2）数据利用子系统综合评价指数排名靠前的政府数据开放平台依次为武汉市、孝感市、随州市、恩施州、潜江市的平台。

（3）数据价值子系统综合评价指数排名靠前的政府数据开放平台依次为武汉市、黄石市、恩施州、荆门市、宜昌市的平台。

在整体样本平台中，分别采用几何平均法和线性加权法进行计算。

采用几何平均法计算时，湖北省样本平台的数据开放子系统综合评价指数、数据利用子系统综合评价指数、数据价值子系统综合评价指数依次为0.238349269、0.147289861、0.077884913。

采用线性加权法进行计算时，湖北省样本平台的数据开放子系统综合评价指数、数据利用子系统综合评价指数、数据价值子系统综合评价指数依次为3.575239034、2.209347915、1.168273701。

可以看到，不论是采用几何平均法，还是采用线性加权法，湖北省样本平台上，数据开放的综合评价指数均高于数据利用的综合评价指数，二者均高于数据价值的综合评价指数。这说明，湖北省政府开放数据资源的开放和利用现状均优于数据资源的价值实现现状。

7.2.2 数据开放子系统、数据利用子系统、数据价值子系统的耦合度分析

根据前文的耦合度函数计算公式，结合样本平台的数据开放子系统、数据利用子系统以及数据价值子系统综合评价指数，计算得到湖北省样本平台子系统之间的耦合程度，具体如图7-2所示。

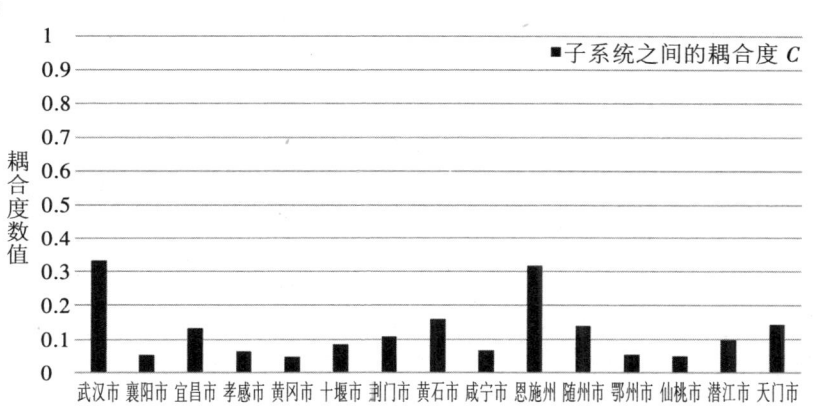

图7-2 湖北省各样本平台的数据开放子系统、数据利用子系统、
数据价值子系统的耦合度

就单独样本平台而言，政府开放数据系统耦合度排名较靠前的平台依次为武汉市、恩施州、黄石市、天门市、随州市、宜昌市的平台。

15个政府数据开放平台中，只有武汉市和恩施州这两个平台的政府开放数据系统耦合度达到拮抗阶段（C值大于0.2），仅占总体样本平台的13.33%；对比而言，剩余13个政府数据开放平台的系统耦合度C值均低于0.2，仍旧处于低水平耦合阶段。

就整体样本平台而言，政府开放数据的系统耦合度为0.301676217，已达到拮抗耦合阶段，说明湖北省已上线政府平台的数据开放子系统、数据利用子系统和数据价值子系统之间已经经历并

超越了低水平耦合阶段。

此外，进一步分析发现，政府开放数据系统耦合度的标准差和极差分别为0.087337241、0.286497441，说明湖北省样本平台之间的系统耦合水平差距较大，存在两极分化现象。

7.2.3 数据开放子系统、数据利用子系统、数据价值子系统的协调度分析

根据前文的变异系数函数和权重公式，结合样本平台的各子系统综合评价指数，本书计算得到政府开放数据系统中，数据开放子系统、数据利用子系统以及数据价值子系统的权重，具体如表7-4所示。

表7-4 数据开放子系统、数据利用子系统、数据价值子系统要素的权重

耦合子系统	数据开放子系统	数据利用子系统	数据价值子系统
标准差	0.216992113	0.238991119	0.21746245
平均数	0.238349269	0.147289861	0.077884913
变异系数	0.910395548	1.622590434	2.792099736
变异系数之和	5.325085767	5.325085767	5.325085767
子系统权重	0.170963546	0.304706911	0.524329543

其中，数据开放子系统的权重为0.170963546，数据开放子系统的权重为0.304706911，数据价值子系统的权重为0.524329543，子系统的权重之和为1。

根据前文的耦合协调度函数公式，结合样本平台的耦合程度和子系统权重，分别计算得到15个样本平台的数据开放子系统、数据利用子系统、数据价值子系统之间的耦合协调度，具体如图7-3所示。

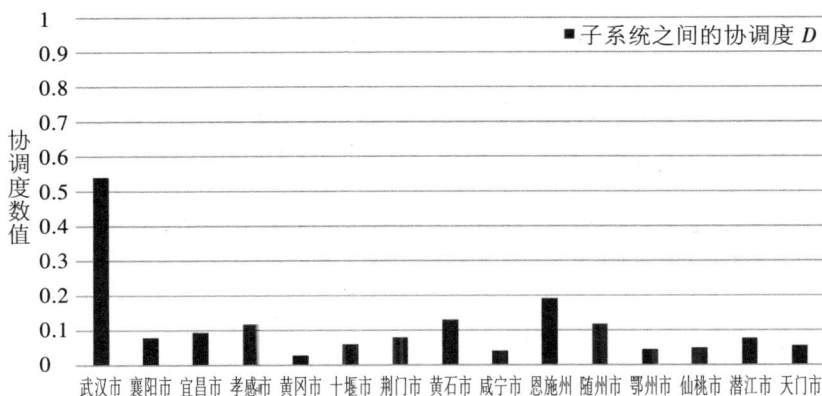

图7-3　湖北省各样本平台的数据开放子系统、数据利用子系统、数据价值子系统之间的协调度

就单独样本平台而言，政府开放数据系统协调度排名靠前的平台依次为武汉市、恩施州、黄石市、孝感市、随州市、宜昌市的平台。15个样本平台中，只有武汉市平台的数据系统协调度达到中度协调水平（严格说为良性协调水平），占总体样本平台的6.67%；对比而言，其余14个平台的数据资源系统协调度均低于0.2，尚处于低度协调阶段。

就整体样本平台而言，采用几何平均法计算得到整体样本系统协调度为0.195325309，说明湖北省政府开放数据系统整体处于低度协调阶段，已有政府平台的数据开放子系统、数据利用子系统、数据价值子系统之间处于极度失调状态。此外，政府开放数据系统协调度的标准差和极差分别为0.121429866、0.51240521，说明湖北省样本平台之间的系统协调水平差距较大，存在较为明显的两极分化现象。

7.2.4　政府开放数据系统的耦合协调综合分析

根据湖北各样本平台数据开放子系统、数据利用子系统和数据价值子系统之间的耦合度和协调度数值，绘制二者之间的组合图，具体如表7-5和图7-4所示。

表7-5　　　　　　　　**样本平台系统的耦合度和协调度数值**

样本平台	政府开放数据系统耦合度 C	政府开放数据系统协调度 D
武汉市	0.333329156	0.540772306
襄阳市	0.05283285	0.078355299
宜昌市	0.132261056	0.092281741
孝感市	0.063990688	0.117062251
黄冈市	0.046831715	0.028367096
十堰市	0.085148488	0.0599737
荆门市	0.108649032	0.078757524
黄石市	0.161017898	0.129817587
咸宁市	0.065201034	0.039934913
恩施州	0.316906117	0.191544838
随州市	0.139794824	0.116513139
鄂州市	0.052951506	0.045232777
仙桃市	0.048272253	0.047889659
潜江市	0.097485757	0.076178398
天门市	0.143930695	0.054640979

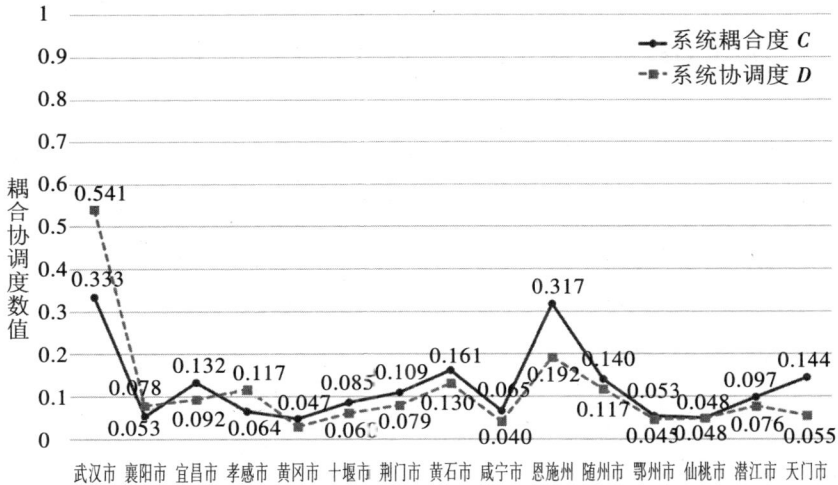

图7-4　湖北省各样本平台政府开放数据系统的耦合度和协调度结果

就单独样本平台而言，只有武汉市、孝感市、襄阳市平台的系统协调度高于系统耦合度，其余12个平台的系统协调度均低于系统耦合度。造成该现象的原因是，武汉市、孝感市、襄阳市平台的子系统之间的综合发展水平相差较大，导致其系统耦合度较低；此外，这些平台的子系统整体水平均较高，因而其系统协调度较高；对比而言，就出现了系统协调度高于系统耦合度。

就整体样本平台而言，政府开放数据的系统耦合度（0.301676217）高于系统协调度（0.195325309）。

本书经过深入分析发现，造成该现象的原因是，数据开放子系统、数据利用子系统、数据价值子系统的综合发展水平差异较小，造成子系统之间的相互作用程度较高、耦合度较高；但是，数据开放子系统、数据利用子系统、数据价值子系统的综合发展水平均较低，从而导致系统综合协调发展水平较低；系统耦合度和系统协调度对比而言，就出现了系统耦合度高于系统协调度的现象。

7.3 湖北省政府开放数据系统耦合的聚类分析

为了深入揭示湖北省各平台政府开放数据的系统耦合现状与亲疏关系，本书对15个样本平台的系统耦合度及其系统协调度进行聚类分析。

聚类分析是指在事先不规定分组规则的情况下，将数据按照其自身特征划分成不同群组，各群组内部数据差距尽可能小，而各群组数据之间的差距尽可能大。

本书采用UPGMA算法（非加权组平均法）进行聚类，聚类指标主要选取数据开放子系统的综合评价指数、数据利用子系统的综合评价指数、数据价值子系统的综合评价指数、政府开放数据系统的耦合度、政府开放数据系统的协调度共5个指标数值，最终形成系统耦合分层聚类图具体如图7-5所示。

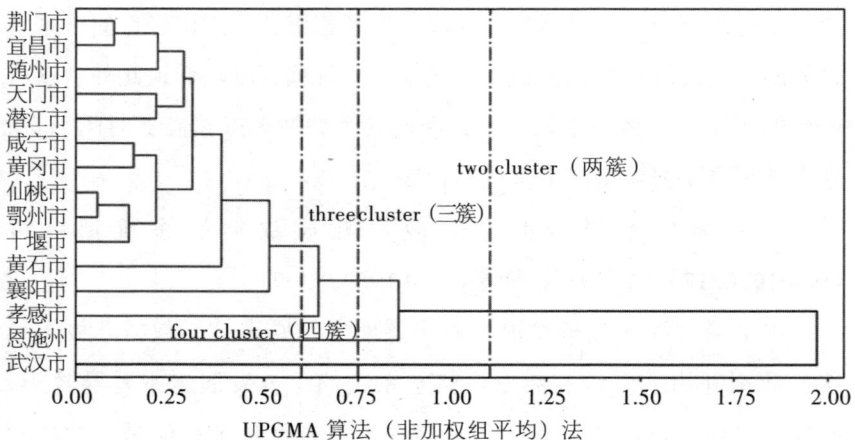

图7-5 湖北省各样本平台的政府开放数据系统耦合分层聚类图

为了更好地确定政府开放数据系统耦合的聚类数目，本书引入碎石检验作为一种有效的辅助判断手段。其中，个体之间距离采用平方欧式距离，类间距离采用Ward（平均组间）链接，得到系统耦合聚类系数表（见表7-6）。通过聚类系数和类别个数，绘制出政府开放数据系统耦合聚类碎石图，如图7-6所示。

表7-6　湖北省样本平台的政府开放数据系统耦合聚类系数表

阶	类别数	群集组合		系数	首次出现阶群集		下一阶
		群集 1	群集 2		群集 1	群集 2	
14	1	1	2	2.608	0	13	0
13	2	2	4	0.665	12	0	14
12	3	2	5	0.424	11	10	13
11	4	2	3	0.268	0	6	12
10	5	5	10	0.179	9	8	12
9	6	5	3	0.102	7	0	10
8	7	10	11	0.066	0	0	10
7	8	5	9	0.04	0	5	9
6	9	3	6	0.029	2	3	11
5	10	9	14	0.019	4	0	7
4	11	9	15	0.011	0	0	5
3	12	6	12	0.006	0	1	6
2	13	3	7	0.003	0	0	6
1	14	12	13	0.001	0	0	3

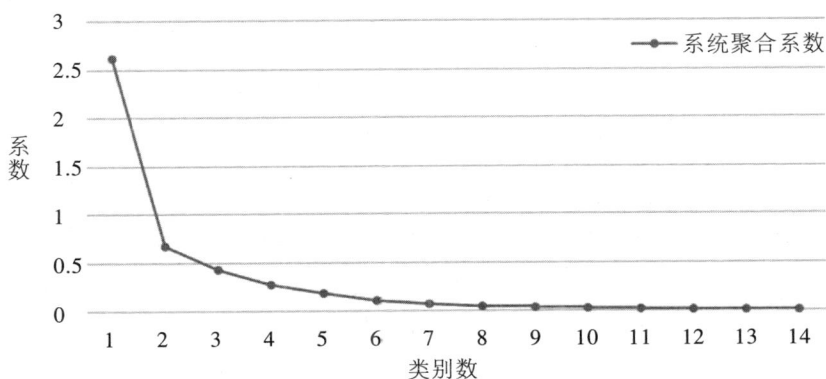

图7-6　湖北省样本平台的政府开放数据系统耦合聚类碎石图

结合表7-6和图7-6可知，随着类的不断凝聚，当类别数为2时，折线由陡峭突变为平稳，下降趋势趋缓，故将区域类别数设定为2类。进一步结合图7-5可知，武汉市平台单独聚为一类，宜昌市、孝感市、黄冈市、十堰市、荆门市、黄石市、咸宁市等其余14个平台聚为一类。

进一步分析发现，武汉市平台的政府开放数据系统已达到拮抗耦合（C值为0.333329156），且其政府开放数据系统已经达到良性协调水平（D值为0.540772306）。而其余14个平台的政府开放数据系统仍处于低水平耦合阶段（C值低于0.2），且其政府开放数据系统仍处于低度协调水平（D值均低于0.2）。

7.4　本章小结

本章结合政府开放数据和耦合理论的内涵与特征，构建了政府开放数据系统耦合的体系。

本章基于数据开放子系统、数据利用子系统、数据价值子系统的综合评价函数、耦合度函数，构建了政府开放数据系统的耦合协调函数。

本章在对湖北省样本平台的数据进行统计分析的基础上，计算各子系统的综合评价指数，进而测度湖北各政府数据开放平台的系统耦合度和系统协调度，具体研究结果如图7-7所示。

总的来说，政府开放数据作为国家数据资源的核心，既是促进数据要素市场完善和数字经济发展的关键，也是贯彻落实国家治理现代化决策部署和经济驱动增长方式转变的重要举措。

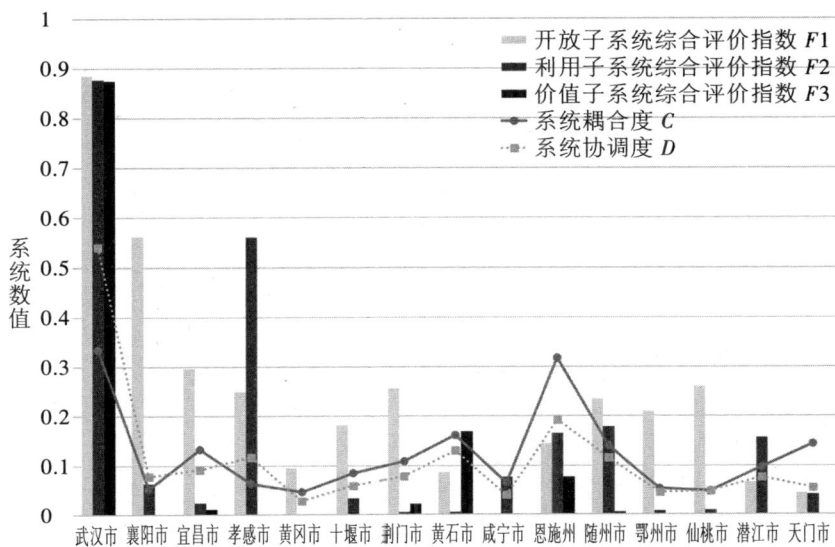

图7-7 湖北省各样本平台政府开放数据系统的耦合协调综合情况

在数据开放、数据利用的前提下实现数据资源价值，有助于转变社会生活方式、提高公众生活质量，有助于转变经济发展方式、激发市场活力，有助于转变传统行政模式、提升政府治理能力。

8

政府开放数据系统耦合优化的对策建议

通过全书分析可知，政府数据的价值实现并非一蹴而就，而是需要经过一个完整且系统的数据开放生命周期。在这个周期中，开放和利用无疑是两大至关重要的环节，它们犹如驱动政府数据价值实现的双轮，不可或缺。这两个环节不仅错综复杂，而且相互交织，共同涉及多个核心要素：作为义务主体的政府、作为媒介桥梁的平台、作为基础支撑的数据资源，以及作为权利享受者的广大公众。政府进行数据开放时，不仅要考虑开放机制的构建和开放平台的建设，也要注意数据的标准和公众的需求，从而充分带动系统的全面发展，提升数据的利用率。因此，为了优化政府开放数据的系统耦合效果、提高数据开放效率、增强数据利用动力，释放数据价值，本书从政府、平台、数据和公众4个方面提出建议与对策。

8.1 政府方面的对策建议

政府是开放数据的义务主体，政府必须承担起主要责任，但也不能大包大揽，根据研究分析结果，当前的政府数据开放仍在探讨和发展，平台建设还没有完全覆盖全国各大省市，政府数据开放规模仍然不足，开放也不够统一，且未能较好地平衡开放数量和开放质量之间的发展，这就要求政府数据开放不断创新，以促进其逐步成熟，向着更加协调、融合的发展阶段迈进。因此，政府需要转变开放观念、创新开放模式、加快立法进度。

8.1.1 转变开放观念

（1）转变开放思维

政府数据开放是一个长效的工作，数据是有价值的，而价值的实现往往取决于外部的利用程度，数据开放对于政府来说更多是一种义务，而不应视作变现手段。随着实践的深入，行政思维观念的固化直接阻碍了政府数据开放平台的建设、发展和完善，要让政府工作人员重点明确"数据开放不是大包大揽，数据开放不是形式主义，数据开放也不是信息公开"，认识到开放目的、开放要素、开放特点与政府信息公开有较大的区别。

要让政府工作人员意识到政府数据开放的优点和益处、更加了解政府数据开放的必要性和重要性。政府除了挖掘和维护自身在政府数据开放中的利益之外，还应该帮助公民、企业、社会组织等其他利益相关者从政府数据开放中获得收益，从而推动政府数据开放的价值实现。因此，政府在数据开放的过程中还须树立"为利益相关者服务"的理念。

（2）正视数据价值

使政府真正意识到数据价值，不是停留在理论与号召的表面。应当组织政府工作人员，特别是领导干部到政府数据开放试点省市进行考察学习，使他们正视数据带来的经济价值和社会价值。领导干部的支持会影响政府机构实施开放数据，开放数据举措需要高层组织的坚定和持续支持与承诺，英国、美国等国家政府数据开放的成功均取决于高层的持续领导。

现代政府的治理离不开数据，这是未来的发展趋势，因此政府数据开放是必然的，也是重要的工具手段。

政府数据开放不仅要关注政府自身的数据，更要关注与开放过程相关的数据。

政府对数据的开放责任是不仅要管好、用好自己的数据，也要善于运用开放工具来引导政府、市场和社会数据资源在经济社会发展中产生更大效益。

（3）重视治理工作

政府不仅拥有庞大的数据资源，更肩负着掌控与治理数据的重任，而治理不仅是数据开放的前提，也是其追求的最终目的之一。

具体而言，政府数据治理的重要性体现在以下几个方面：

第一，政府数据治理不仅涉及数据开放，也涉及传统电子政务的管理内容。电子政务是一种数据服务，其目标并非帮助使用者提升技术，而是利用信息技术为各种角色的使用者提供数据存取和计算服务。

第二，政府数据治理可以对新的发展形势与挑战作出有效应对。政府数据治理需要创新的数据工具来扩大自身的影响范围、增强行动力，并针对由大数据带来的管理失灵问题作出反应，以此应对由于市场与社会的数据化加速造成的发展不均衡等问题。

8.1.2 创新开放模式

（1）确立政府数据开放主办单位

政府数据开放平台的建立工作要求大部分政府部门提供数据支持并参加共建，然而各个部门间的数据分析标准、发布日期以及数据范围等都不一样，这些均需要政府部门与数据开放平台的主管单位沟通协调。

各级政府数据开放平台的建设牵头单位与主办方都必须具有较高的行政级别，例如，各级人民政府及政府办公厅（室），既可以协调政府部门各个机关之间在建设的过程中存在的交叉矛盾，又可以提高政府数据开放平台进行数据开放行为的权威性。同时，由于政府部门对数据开放平台的建立工作烦琐而且漫长，可安排政府部门分批、分阶段地完成对开放数据的发布与更新，同时建立部门参与的时间表，优先协调开放商务部、民政部、生态环境部等部门的数据，把公众最关切、最关心的政府数据，最先向社会开放。

（2）形成政府数据开放多元治理系统

应努力构建政府数据开放利益相关者多方共同参与的多元治理体系，吸引包括所有用户在内的利益相关者参与，以实现多元主体间对数据的协同治理与使用，并最终扩大政府开放数据的利用范围和数量。

在利益相关者积极参与的情形下，应努力促进政府数据开放项目实施动态的过程化、可回报、可持续的发展。

利用政府数据的主体不仅包括政府部门、公司、个人以及社区组织等，也包括政府政策与法规制定者、开放政府理念的积极推动者、数据产品的用户、社区组织及机构等。只有将各利益相关者引入多元治理体系，分析各利益相关者的相互作用，平衡好各个群体的利益需求，促使其在多元治理体系中形成正面的贡献，才能够建立一种长期稳定的、产生正面反馈的、良性循环的政府数据开放多元治理体系，最终吸引更多的数据使用者和应用开发者加入到政府数据的利用中，从而增加政府数据应用的数量。

（3）定期评估政府数据开放效果

政府数据开放需要通过定期测评来检查建设成效和完善管理工作。

组织实施政府内部的定期抽查，以及第三方评价组织的定期评价，可以进一步化解政府管理工作中的系统性问题与阶段性桎梏，可以依靠社会各界力量推进管理工作、健全检查机制、总结经验、细化管理规范。

政府数据开放需要形成多维度的评价体系，从政府数据信息公开透明度、政府数据信息公开能力、政府数据信息公开质量和保障措施等方面评价政府数据的开放成效。

应当以政府数据开放平台和政府数据开放部门为重点测评对象，采取在线测评和提供自报材料两种方式来掌握政府数据开放工作的制度规则、数据主题、数据规模、数据质量和用户体验等情况。

还应当全面掌握当前政府数据开放的实际工作状况与存在的问题，促进全国政府数据开放水平的持续提升，进一步提高政府数据开放质量。

8.1.3 加快立法进度

加快推动数据立法，对促进政府数据开放常态化、制度化至关重要。

没有规矩不成方圆，政府开放数据作为推动社会治理现代化、提升公共服务水平的关键举措，同样需要一套明确、统一的标准来引导和规范。因此，从法律法规层面为政府数据开放提供坚实的保障，显得尤为必要且迫切。

本书在研究过程中发现，部分政府数据开放平台存在数据更新不及时甚至断更的现象，因此急需制度化的规范来保障政府数据开放工作持续规范地进行。当前，我国已经出台了《中华人民共和国政府信息公开条例》（以下简称《政府信息公开条例》），各级政府也都制定了政府信息公开的有关规定，但这些规定只能对政府信息公开起到指导作用，无法对数据开放形成有效的法律约束效力。

2019 年，上海市出台了我国首部针对数据开放的地方行政法规《上海市公共数据开放暂行办法》，这对其他省、市政府的数据立法工作起到很好的示范和推动作用。

（1）以实践为立法的基本准则

实践是检验理论的最佳准则，尤其是在中国目前没有完善政府数据开放的实践经验总结与法律法规系统的情形下。政府数据开放，作为新事物、新领域和新工作，对所有政府部门来说都是需要探索总结经验、逐步推进、不断完善的。

我国经过部分地区政府数据开放平台的探索，已经逐步总结适合当前形势的政府数据统筹标准、政府数据开放平台的具体内容和政府数据开放的实施对策等。

政府数据开放并非一帆风顺，因为制度规范的不足和法律法规的不完善并不是政府数据开放推进中所特有的问题。只有保证立法和实施的并行，以数据开放基本法为先，坚持实践与立法并行，才能逐步完善制度体系，渐次细化开放规则，使我国政府数据开放法律体系健全、制度规则层次完善、开放规则完整详尽、开放实践迅速发展。

（2）优先制定政府数据开放基本法

政府数据开放基本法作为政府数据开放的主要依据以及基础规则，需要优先制定。鉴于政府信息公开与政府数据开放具有相似性，可参照《政府信息公开条例》的相关内容，对于政府数据开放的原则、依据、标准、内容进行总括性的规定。对于各级政府以及政府部门的角色定位和权力职责进行限制性规定，对于政府数据开放平台的建设标准、主体、内容以及维护单位进行适度的强制性规定，对于政府数据的制定标准、互联互通、开放范围以及使用权限等进行约束性规定。单独制定《政府数据开放条例》或者修订《政府信息公开条例》都是解决问题的路径。此外，政府数据开放的推进工作和平台建设的技术性较强，需要就重点、核心内容，征求从事数据开放平台建设的技术企业的意见，以促使我国政府数据开放工作与时俱进、持续推进。

（3）完善政策法规并做好组织安排

应发挥机制与人的共同功能，为数据的应用、开发和利用提供强有力的制度与组织保证。

政府开放数据的利用要成功实现和产生巨大价值，离不开健全的政策机制和法规保证。机构设置对政府部门管理绩效具有重要影响，而且在一般情形下，有部门领导或者参与的政府行为才能够达到良好的管理成效。为此，在制度方面应尽快建立政府数据开放制度。

首先，应明确数据开放主体、开放重点、开放清单、获取方法等。

其次，应完善开放数据平台建设标准，如对平台的开放程度、平台功能、平台标准、应用活动记录、交流交互、可视化呈现、安全性保护、违规行为处理措施等进行规定，为开发人员提供完善的数据管理利用与应用开发环境。

最后，应从组织上确定负责主导的管理部门，获取上级领导大力支持，设立专人专岗，利用培训、融资、考核等手段进行管理，为国家开放政府数据利用和大数据应用发展提供有力组织保证。

8.2 平台方面的对策建议

政府数据开放平台是开放数据的媒介渠道，作为政府数据资源传播的网络媒介，是连接数据供给侧和利用端的通道、开放获取数据的载体。

全国各政府数据开放平台均由政府主导建设，在建设过程中，既有自上而下的模板复制，又有自下而上的试点探索。然而无论是哪种建设路径，现阶段政府数据平台仍处在不断完善的过程之中，需要积累大量的实践建设和运行经验，为政府数据开放未来发展和其他方面的规范提供参考。

根据前文分析，政府数据的利用整体上处于低度协调阶段，已有的政府平台的浏览行为、下载行为、调用行为以及应用行为之间处于极度失调状态，用户对政府开放数据的浏览和应用水平高于对政府开放数据的下载和调用水平，其原因在于平台管理缺乏规范、平台功能缺乏扩展、数据开放缺乏推广、数据利用缺乏反馈、数据维护缺乏保障。因此政府数据开放平台需要优化功能模块、推进建设进程、健全运行机制。

8.2.1 优化功能模块

（1）增加社交媒体分享接口

在移动媒体全面覆盖的当下，信息传递最有效的渠道便是利用社交媒体。

当前互联网的主流资讯传播平台都支持把自己的信息共享至社交媒体，美国政府大数据开放平台在这方面进行了尝试，并获得了美国社会的一致好评。

政府数据开放平台能够提供共享功能，与常用的社交媒体相联，这是一种便捷的传播方式，增加了公众访问政府开放数据的途径。本书调研的开放政府平台中，仅有少数平台提供了数据的个性化管理与交互分享功能，由此可见政府数据对外共享的实际使用并不充分。

一方面，应该充分发挥社交媒体的作用，设置数据分析以及共享等功能，在用户使用的时候既宣传了政府开放数据以使更多的人加入其中，又扩宽了数据开放渠道以便数据的利用。另一方面，应该请用户在使用数据之后给予相应的反馈，如数据各方面的评分、评价，作为其他用户的参考，同时可以据其提高数据质量。数据开放平台既要保证数据的分类、导航等基本功能，同时也需要做好数据的分享、分析、访问等功能优化。

（2）支持开发应用的访问

应用的访问看似和政府数据开放平台中的数据价值实现并无联

系，其实不然。数据应用的开发者是政府数据开放平台的资深使用者，他们对平台的建议往往含金量较高。平台应该通过提供应用访问入口来引导更多的人使用这些应用，同时应用的访问量增加必然促进应用的升级，这样会对所需要的数据提出更高的需求，此外还能反过来促进政府数据开放平台的改进，这是一种良性的相互促进机制，可以互惠互利、共创价值。

政府数据开放前端是数据资源收集、加工，后端则是数据的交易、应用。

交易、应用意味着政府数据的价值开发。促进政府数据的应用是政府数据开放的目的。应当通过评估政府数据的应用效果来推动全社会参与，激发全社会的创新活力。

政府应鼓励公众和企业积极利用数据，政府自身也应积极寻求基于数据的治理创新，鼓励开发者创建增值性应用程序，鼓励用户寻找更多数据并借此帮助公众解决实际问题。

（3）提供平台数据在线分析工具

政府数据开放平台除了要提供原始数据外，还要通过提供基本工具帮助用户对数据进行分析、挖掘和利用。

首先，精细化的梳理可以帮助数据使用者对数据展开深入的挖掘，尤其是非专业的初级数据使用者，可以根据他们的需要在平台页面设置不同的条件，提供个性化、定制化的数据分析工具，对所需的数据进行进一步精细化统计分析，并将分析结果以柱形图、折线图等可视化的形式呈现来，让数据使用者更加清晰地明白数据的发展变化情况。

其次，政府数据开放平台可通过技术升级将数据分析工具与数据集进行相互联结或嵌入，更高效地帮助非专业的初级数据使用者，使其在下载数据之前对数据集有宏观的了解，甚至可以直接、便捷地获取数据分析结果，无须下载原始数据。以地理空间工具为例，政府数据开放平台将政府数据与公共部门地理信息进行融合利用并应用开发，如与高德地图、百度等企业合作开发，使相关目的地位置在地图上叠加出现，提供智能地图的导航功能。

最后，针对专业的数据使用者，为更好地满足他们的数据需求，可以在政府数据开放平台设置"开发者中心"或者"开发向导"等栏目，提供全流程、多维度的数据开发工具和服务。

（4）平台推行免注册

平台功能的优化不仅需要做加法，而且需要做减法。随着开放政府数据的推广，越来越多的人参与其中，对于初步接触的用户来说，注册平台的门槛是他们了解使用数据的障碍。

用户注册平台固然有利于平台的管理，但是那些刚开始接触政府数据开放平台的公众，有一部分是属于访客类型，他们并不愿意注册账号，可能只是抱着尝试的心态去使用。如果数据获取过程中设置注册门槛，将不利于公众参与到平台的使用过程。

例如，某些平台标注数据无条件开放，但用户下载数据时又提示用户，只有注册了账号才能下载和使用数据，虽然网站提供数据预览功能，但是对数据的显示有限，影响用户探索平台和利用数据的意愿。建议后续平台建设时，免去平台注册或对数据常用功能免注册，如数据获取、数据分享等。这样会极大地提高公众对政府数据开放平台的使用积极性，让更多的人利用这些数据，产生更大的资源价值，同时也会有更多的参与者对政府数据开放平台的建设提供反馈信息。

8.2.2 推进建设进程

（1）总结推广先进平台建设经验

就整体样本平台而言，政府数据的开放耦合度处于拮抗阶段，说明已有政府门户网站的开放数量和开放质量之间已经经历并超越了低水平耦合阶段，开放耦合子系统正在成长，向着更加协调、融合的阶段发展。因此，我们可以逐步总结耦合度和协调度较高的政府建设和开放经验，梳理政府数据开放平台的建设流程：

首先，制定政府数据开放统一标准，适度规定数据集的数据条目、更新频率、来源部门、开放状态等内容。

其次，形成政务资源目录，为政府数据的分类和上线打好基础。

最后，制定上线时间、批次表，逐步分批按领域上线。这样既减轻了政府数据开放平台建设压力，也更容易获得社会公众的认可和理解，为进一步开放更多领域、更深层次的政府数据打下良好的基础。

国家级、省级平台应发挥自身优势，把各级政府的数据集中起来，统一标准管理，实现各级平台分散数据的联通和共享。

（2）建设统一开放平台

研究发现，平台建设存在如下情况：

第一，平台建设的覆盖面不足。除港澳台地区外，我国共有省级行政单位31个，地级行政单位333个，县级行政单位2 846个，然而，上线的政府数据开放平台仅有145个，较标准的政府数据开放平台仅有119个。

第二，大部分政府数据开放平台建设存在不标准、不规范、不统一问题。较多省市没有建设规范的政府数据开放平台，只是搭建了简单的网站。此外，不标准、不规范问题具体体现在网站建设的页面、开放的内容、提供的元数据字段等方面。通过对资料和数据分析，不难看出各个政府部门基本上是各自为营，没有统一的模式设计以及标准来管理政府数据开放平台，各政府数据开放平台质量也参差不齐。再如，省级政府数据平台与市级政府数据开放平台并未实现互通，这给政府数据整合带来了困难，在一定程度上也限制了数据的使用价值。

总的来说，目前我国政府数据开放还处于初级阶段，已建成的政府数据开放平台不足全国城市数量的一半，各平台质量也参差不齐。平台建设的覆盖度和平台的建设规范是平台建设中的两个问题，可以分别通过加大投入力度，推广先进经验或向省级平台看齐加快推进未建成的政府数据开放平台规范建立来解决，这也是《促进大数据发展行动纲要》所明确提出的目标。

现阶段应该推进政府部门数据公开共享，推动数据资源整合，提高政府部门的数据治理能力；在依法规范数据安全防护及信息维护管理工作的前提下，积极稳妥推动政府数据资源共享对外开放；根据我国政府信息化工程的建设计划，规划布局国家大数据管理平台、国家数据中心以及相关基础设施；加强政府数据资源的关联分析和融合利用；完善执法机关之间的数据互通，在法律和技术安全保障的前提下，做好对社会管理工作有关领域的数据收集、挖掘和相关分析。

8.2.3 健全运行机制

政府数据开放平台的建设规则对于平台的日常运行和后期维护有着至关重要的影响，其中数据开放管理机制又是平台建设的核心要素。通过国外借鉴和国内实践的两方面总结，归纳我国政府数据开放管理机制，形成不同层级的政府数据开放平台建设体系经验，对于我国政府数据开放工作的未来发展具有举足轻重的作用。

（1）完善平台运行机制

运行机制是约束政府数据开放行为、规范政府数据平台建设过程的主要手段，其完善健全能够保障政府数据完整准确和开放过程有序合理。

可从国外成熟经验和国内实践成果两方面着力，在借鉴国外经验方面，元数据标准、数据法律体系和制度规则都可以参考。

在国内实践成果的应用方面，需要区分不同地方的不同做法所带来的开放效果，注重提取通行做法和普适经验，积极推动数据开放工作，持续建设政府数据开放平台。

在完善政府数据开放管理机制的过程中，要着重处理好隐私数据与开放数据之间的关系，针对涉及个人隐私的政府数据，需要经过数据清洗和数据筛选，去除个人隐私信息后再按照流程对社会开放。

（2）持续维护数据供应

政府数据开放平台的维护工作应当是持续性和常态化的。

本书研究发现，部分平台存在运行不够稳定、访问出错等问题，因此各政府部门应做好政府数据开放平台的运维保障工作，确保用户获得稳定流畅的访问体验，为用户利用数据创造经济和社会效益提供前提条件。

政府数据在平台开放后应及时且持续地更新和增加，从源头上保证数据供给充足，这样才能开拓数据应用挖掘的功能，社会公众对于政府数据的需求才能得到满足。因此，为了更好地监督平台数据的更新与维护工作，确保开放的政府数据持续更新和增量不断，可以建立奖惩机制，对及时更新数据的数据提供部门给予一定奖励，对妨碍数据更新和隐瞒真实数据的数据提供部门实施适当的处罚。

从本书调研的结果来看，平台建设初期是数据开放状态的最佳时机，大多数平台在后期数据的更新和维护不到位。建议平台对数据的更新频率进行分级分类处理，及时兑现承诺的数据更新频率，尤其是以实时、天、周为单位的高频更新频率，可以让用户及时获得新数据，尽早发挥数据价值。

8.3 数据方面的对策建议

数据是开放的基础，是价值得以实现的载体，数据质量的优劣直接影响数据开放的质量和效果，高质量的数据需要符合一定的标准，即数据共享、数据治理、数据利用的准则，其中包括元数据的标准和开放的数据范围。

根据前文分析可知，政府开放数据的数量与质量间未能达到平衡，格式多样性优于主题丰富性、主题丰富性优于部门参与性；数据集开放情况高于数据接口开放情况、数据接口开放情况高于数据容量开放情况。究其原因是数据缺乏统一的标准，国内外虽然已建有一些数据标准，但政府在数据开放的过程中并未严格执行，而且数据开放范围模糊，且开放数据质量和数量均不足。因此，要统一数据标准、建立数据清单、提升数据质量。

8.3.1 统一数据标准

政府部门开放的数据范围广泛，开放的主题数量不同，主题范围大小不一，主题领域也不尽相同，如教育科研、医疗健康、交通服务、环境与资源等，大多数的数据资源仅有一级类目，没有二级、三级类目，有的平台甚至还存在只有一个主题的情况，这非常不利于用户对数据的使用。各平台应在原有基础上扩大数据开放范围，细分主题类目，从涉及公众切身利益的领域、与公众切身利益相关的社会机构等方面发布更多主题数据。

本书在实证过程中发现，政府开放数据的元数据标准有待明确：

（1）元数据字段的开放，没有统一的标准

对应该开放哪些元数据字段，还没有统一的规定。有的政府数据开放平台开放了30个元数据字段，有的政府数据开放平台仅仅开放了几个元数据字段。例如，主题在不同平台之间的分布具有差异性，不同的政府数据开放平台，开放的数据主题数量不同。

（2）元数据字段的命名，没有统一的标准

例如，与部门相关的元数据字段名称包括"提供部门""部门名称""来源部门""提供机构""提供单位"等，与主题相关的元数据字段名称包括"数据主题""主题"等，与格式相关的元数据字段名称包括"数据格式""数据下载格式""资源格式""文件格式"等。

（3）元数据字段的命名，用词与范围不恰当

例如，某些地方平台上主题领域的用词与数据利用者或普通公众的用词习惯具有差异，过于宏大和宽泛，更多反映政府部门的视角；有些平台的主题领域用词过于模糊，例如"综合信息"和"工作结果"，不利于用户发现、理解和获取其需要的数据。

规范元数据标准不仅有助于政府数据开放平台建设，更有利于政府数据开放平台的评价。

各国元数据标准都在政府数据开放中发挥了关键作用，美国"Project Open Data"项目提出的元数据方案——PODV1.1标准（Project Open Data Metadata Schema V1.1）已被24个联邦机构和43个地区政府所使用；欧盟则在W3CDCAT的基础上开发了DCAT-AP（DCAT Application Profile）元数据方案，该方案被用作评价欧洲各国数据开放质量的标准。

我国暂时没有全国统一的元数据标准和通用的元数据质量评估体系，但是一些省市率先探索了适用于本地的开放数据标准。

在制定统一的元数据标准过程中，首先，可以将DC-Government元数据标准作为国家开展政务数据共享的元数据标准，并根据国内实践提出合理的元数据元素，用以制定统一的元数据规范；其次，可以

规范元数据格式，按照各种数据类别，尽量给出构件化的大量的元数据格式；最后，可以依据全球知识资源共享协定、开放政府协定等协定，并根据国内外的法规环境，建立开放政府信息数据授权协议，以保障知识使用者行使信息数据访问、获取、使用等权利。

8.3.2 建立数据清单

政府开放的数据应尽可能满足社会公众和企业需求，应优先开放行业潜力巨大，以及涉及教育、医疗、就业、社保、交通、金融、信用等与民生服务密切相关领域和产业战略意义重大的关键性政府数据。

同时，还应不断提高开放数据集的丰富性、多样性以及针对性，扩充数据使用者的数据来源，充分挖掘、整合、应用、开发。政府部门在确定数据开放范围时，应召开听证会，听取行业管理部门和社会公众的意见、建议，社会公众和企业也可以通过平台对政府数据开放的范围提出建议。

我国的法律规范应对现阶段不适合开放的数据范围作出统一的规定，避免因地方性法规在数据开放范围规定上的差异化而阻碍政府数据的开放共享。

政府数据开放的主体及平台还应当遵守《网络安全法》《政府信息公开条例》等法律规范的要求，秉承行政法上的适当与比例原则，对涉及国家安全、商业秘密、个人隐私的政府数据不得向社会公众开放，以规避因数据泄露而带来的风险。

政府数据开放主体及平台应当优先开放重点领域数据，对开放数据进行分级分类。

制定政府数据开放的目录清单，按照数据的名称主题、数据属性、数据来源以及数据格式等类别对政府数据进行编目，进而对数据资源进行整合汇聚，确定数据开放的条件、程序及数据更新的频次。

政府数据开放的目录清单既可以是正面清单也可以是负面清单，但不管是哪种清单都必须经过大数据业务主管部门以及政府数据开放主体的审核之后通过平台发布，以保证其权威性。

此外，在数据编目过程中，还应当兼顾社会需求，广泛听取有关专家和社会公众的意见。政府数据开放的目录清单也要随着制度政策以及产业结构的变化进行动态调整与修改，对政府数据开放工作进行评估，及时更新政府数据开放的目录清单，逐渐扩大政府数据开放的范围，实现数据集的全覆盖。

8.3.3　提升数据质量

由于新的数据集是通过整合不同政府部门、研究人员、社会组织和私营企业的不同数据来创建的，因此需要制定和确保数据质量的标准。

澳大利亚政府在参考《开放数据通用评估方法》、《澳大利亚统计局数据质量框架》以及《开放数据成熟度模型》等质量框架的基础之上制定了《澳大利亚联邦政府的数据质量框架》。

为对统计数据进行规范，我国国家统计局制定了《国家统计质量保证框架》。虽然政府数据中有很多是统计数据，但开放数据不仅限于统计数据。

目前我国国家层面仍缺乏数据质量标准。因此，需要尽快建立保证数据开放质量的流程。一方面，应考虑政府内部质量保证流程的机制，将修订流程的结果与每个已发布的数据集进行关联。具体来说，应该在发布前检查数据质量，评估数据是否满足所有定义的质量标准；执行数据聚合、转换或匿名化的验证也需要质量控制。通过在政府内部数据活动中发现数据质量的问题，以便组织定期更新数据。另一方面，应利用外部质量保证流程，根据数据用户反馈提升数据质量，促使数据用户获取更多数据。

8.4　公众方面的对策建议

公众是开放数据的权利主体，数据的价值只有通过利用才能实现，数据利用行为得以产生的前提是关注和需求。

当前，我国政府数据平台的开放情况优于利用情况，用户对已有的政府数据开放平台的利用行为具有一致倾向性，用户对政府开放数据的浏览和应用水平高于下载和调用水平。究其原因是对用户关注不足、未深入挖掘用户需求。如何调动公众利用数据的兴趣与积极性，是现阶段优化系统耦合的关键。

在此过程中维持用户利用倾向、提升用户体验则需要提供良好的互动。

8.4.1　引导公众关注

（1）加大平台宣传力度

要充分借助宣传的力量，拓宽传播渠道，提高开放数据的被利用率。研究发现，政府数据利用情况不理想的主要原因一方面是由于开放数据集不足，另一方面是由于用户关注度较低，因此各级政府在数据开放管理工作外还应加强宣传工作，比如利用常规的"三微一端"，借助媒体的力量，加大宣传；让更多的公民、更多的组织、企业了解平台的开放，以及普及平台的使用，包括开放哪些数据，数据量是多少，开放数据的时效性，数据的下载格式包括哪些等。

提高公众对平台的利用兴趣，以微信为例，可以设立政府数据开放平台的公众号或小程序，借助公众号或者小程序，及时向关注的用户推送近期内平台开放了哪些数据、新添了什么功能，如有需要下载或者浏览更全的信息，可以点击"阅读原文"的形式跳转到政府数据开放平台的官方网站，这样，通过它们的辅助，用户就可以直接方便地提前进行预览。

此外，政府可以参考上海市、北京市等城市政府的经验，开展政府数据应用大赛，这样既能促进政府开放数据的创新运用，同时又可以向社会推广政府数据开放。

（2）提升公众信息素养

引导公众关注不仅需要着力扩大政府数据开放的影响范围与深度，而且迫切需要全面提升用户的信息素养，以适应大数据时代对个体能力的全新要求。

大数据时代，公众应该充分认识到信息和数据的影响力，树立积极的信息意识，扩充丰富的信息知识，提升信息能力。

公众应该寻求多样化信息检索途径与方式，提高学习主动性，提升信息素养，在多元化的信息背景下掌握信息知识与信息技能，培养自己终身的学习能力，在实践中加深自己对于信息意识、信息知识、信息能力的了解与感知，最终提高信息素养。

许多公众受制于教育水平，缺乏信息意识，无法独立提升自身的信息能力，这是政府数据开放进一步发展的障碍，也是影响公众关注政府数据的重要因素。

授人以鱼，不如授人以渔，加大信息素养的教育力度是满足公众信息需求的重要途径。政府应与高校建立信息素质培训合作，由高校提供培训服务和网络培训资源。注重培训策略，以短期培训提升信息能力，以长期宣传增强信息意识，注重信息能力培训的多维层次性，重视信息意识培养的持续性。短期的信息能力培训可分为信息获取能力培训、信息评估能力培训、信息利用能力培训，这些能力呈现递进的层次关系，因此需要依据先后顺序开展培训，并针对不同能力的公众培训设置一定的周期间隔，以利于公众的能力实践，同时在长期实践中增强公众的信息意识。

传统公众的信息意识缺乏，只有在信息意识从"被动"转变为"主动"，从依靠政府给政策、教办法、要资金，转变为更加注重主观努力，才能够使公众的信息意识符合信息时代的发展需求。

8.4.2 定位用户需求

政府数据开放作为推动透明政府建设和促进社会经济创新发展的重要举措，应当深刻体现以用户为中心的理念，这意味着数据开放不应仅仅局限于技术平台所能提供的功能范畴，而且应深入洞察并精准对接用户的实际需求与关注点。因此，政府数据开放的工作重心需从单纯的功能展示转向以用户体验为核心，确保平台功能的实用性、适用性和针对性，使数据开放真正成为服务公众、激发社会创新活力的有力工具。

政府应从盲目发布数据转变为积极利用数据，实时监测和分析用户对政府数据的访问量、浏览量、下载量、搜索关键词等关键指标，准确把握公众对数据的需求偏好和兴趣热点，调整开放不同主题、不同类型、不同格式、不同渠道、不同语言、不同时间、不同地点的政府数据。

正确定位公众需求，提供个性化服务。公众需求对开放政府数据的实践成效有较大的影响，政府应该从公众视角出发，正确定位公众需求，有针对性地发布数据，满足不同公众的个性化、差异化需求，从而提高政府数据的可用性和易用性。政府部门应当认真研究不同群体的特征，深入了解公众的数据需求，为公众提供其需要的政府数据。

8.4.3　增强用户互动

要提高公众的数据关注度，关键是要加强沟通、提高与公众的互动。通过政府数据开放平台的互动栏目，与公众形成良性互动，搭建起一座连接政府与民众的桥梁，促进信息的双向流通，为公众提供方便、快捷、高效的在线服务，为政府部门树立形象发挥积极作用。

本书研究发现，各平台互动交流板块的交流次数少之又少，公民和企业的参与基本上没有，这说明人们对于政府数据开放的意识不够强，也还未意识到政府、公民个人、企业共同参与的重要性。

政府数据公开的一项主要内容是公众的互动参与。公众的广泛参与，意味着任何人均可以使用、重用或者重新分配政府开放数据。

参与以公众的需要为驱动，所以数据开放应当重点满足需要，由需求驱动，形成良性的开放数据互动局面。这方面的具体措施包括但不限于：①编制操作手册，提供公众使用数据的最佳方法并不断进行完善；②鼓励用户积极参与到政府数据开放工作中；③合理运用社会媒介、网络会议以及公共咨询等渠道，获取公众的意见；④进行政府开放数据的需求评价，主要是测评不同使用人群的需求特性及不同政府主体对于数据需求的重视程度；⑤建立连接数据用户和数据源之间的反馈机制，形成良性互动。

8.5　本章小结

本章深入探讨了政府数据开放的耦合优化策略，主要从政府、平台、数据和公众4个关键维度出发，提出了一系列具有针对性的对策与建议，旨在全面提升政府数据开放的效率与质量，进一步激发数据的潜在价值。

在政府层面，应该转变观念、创新模式、加快立法；在平台层面，应该完善功能、推进建设、健全机制；在数据层面，应该统一标准、建立清单、提升数据质量；在公众层面，应该引导关注、定位需求、增强互动。

通过政府、平台、数据和公众4个方面的协同努力，能够有效提高政府数据开放的效率，增强数据的利用动力，进而更好地释放数据的潜在价值，为社会经济的持续健康发展提供有力支撑。

9

研究结论与展望

政府开放数据是国家重要的数据资源以及关键的生产要素，在推动数字经济发展、促进社会治理创新、提升公共服务水平等方面发挥着举足轻重的作用。

对全书进行系统性的梳理与总结，不仅有助于更深刻地理解政府数据开放的重要意义与实践路径，还能为未来的数据开放进程提供有力的理论支撑与实践指导。因此，本章在总结主要研究结论的基础上，梳理得出研究存在的局限和不足之处，从而为下一步的研究指明方向并提出展望。

9.1　主要研究结论

9.1.1　政府数据开放耦合的研究结论

（1）数据开放要素方面的研究结论

政府数据的开放耦合子系统包括两个要素：开放数量要素和开放质量要素。

现分别就数量和质量要素梳理研究结论：

第一，在开放数量要素方面，包括开放数据集数量、开放数据接口数量和开放数据容量3个指标；开放数量较多的平台之间，交叉重叠性较高；各平台在开放数据集数量、开放数据接口数量和开放数据容量指标项上差异较小；就整体而言，数据集开放情况优于数据接口开放情况、数据接口开放情况优于数据容量开放情况。

第二，在开放质量要素方面，包括部门参与性、主题丰富性、格式多样性3个指标；开放质量较好的政府平台之间，互有交叉；各平台在部门参与性和主题丰富性指标项上差异较小，在格式多样性方面具有较大差异；就整体而言，主题丰富性优于格式多样性、格式多样性优于部门参与性。

（2）数据开放综合发展现状方面的研究结论

政府数据开放的综合发展现状包括两个方面：开放数量和开放质量。

现分别就单独样本平台和整体样本平台梳理研究结论：

第一，就单独样本平台而言，开放数量综合评价指数较高的平台以及开放质量综合评价指数较高的平台之间互有交集；其中，武汉市和宜昌市的政府数据开放平台较好地平衡了开放数量和开放质量之间的发展。

第二，就整体样本平台而言，政府数据的开放质量综合评价指数高于开放数量综合评价指数，有关政府部门要进一步扩大数据的开放规模，加快数据的开放进程。

（3）数据开放耦合度方面的研究结论

政府数据的开放耦合度是指开放数量要素和开放质量要素之间的耦合程度。

现分别就单独样本平台的耦合度和整体样本平台的耦合度梳理研究结论：

第一，就单独样本平台而言，样本平台之间的开放耦合水平差距较大，说明不同平台在政府数据开放策略上的不同取向和实施力度，也说明在推动政府数据开放进程中，需要更加注重平台间的协调与平衡。

第二，就整体样本平台而言，政府数据开放耦合度达到拮抗阶段，说明湖北各政府平台的开放数量和开放质量之间已经经历并超越了低水平耦合阶段，开放耦合子系统正在向着更加融合的阶段发展。

（4）数据开放协调度方面的研究结论

政府数据开放协调度是衡量开放数量要素与开放质量要素之间和

谐共生、相互促进程度的重要指标,直接关系到政府数据开放的整体效能与可持续发展。

针对这一议题,现就单独样本平台和整体样本平台的协调度进行梳理总结:

第一,就单独样本平台而言,各个样本平台之间的开放协调水平差距较大。

第二,就整体样本平台而言,政府数据开放子系统当前处于中度协调水平,说明湖北省政府数据平台的开放子系统正向着更加协调的阶段发展。

(5)数据开放耦合协调聚类方面的研究结论

现从开放数量要素综合评价指数、开放质量要素综合评价指数、开放耦合度、开放协调度4个层面,基于整体研究样本平台,梳理湖北各样本平台的开放耦合聚类结论:

第一,多数政府平台的开放耦合度高于开放协调度,数据开放数量和数据开放质量的综合发展水平不高且差距较小。

第二,湖北省样本平台的开放耦合情况聚类为两类,武汉市和襄阳市的平台单独聚为一类,宜昌市、孝感市、黄冈市、十堰市、荆门市、黄石市、咸宁市等其余13个平台聚为一类。

9.1.2 政府数据利用耦合的研究结论

(1)数据利用要素方面的研究结论

政府数据的利用耦合子系统包括两个要素:浏览行为要素和下载行为要素。

现分别就浏览行为要素和下载行为要素梳理研究结论:

第一,在浏览行为要素方面,包括数据浏览量、数据浏览率、单一样本数据浏览率、整体样本数据浏览率4个指标;就整体而言,数据浏览比率情况要优于数据浏览量值情况。

第二，在下载行为要素方面，包括数据下载量、数据下载率、单一样本数据下载率、整体样本数据下载率4个指标；整体而言，数据下载的比率情况要优于数据下载的量值情况。

（2）数据利用综合发展现状方面的研究结论

政府数据利用的综合发展现状包括两个方面：浏览行为和下载行为。

现分别就单独样本平台和整体样本平台梳理研究结论：

第一，就单独样本平台而言，湖北省样本平台中，浏览行为要素以及下载行为要素综合评价指数较高的平台之间互有交集，用户对政府数据利用行为具有较为一致的倾向性；湖北省各地方政府开放平台在数据下载行为方面的差异较小，而在数据浏览行为方面存在较大差异性。

第二，就整体样本平台而言，政府数据的浏览行为要素综合评价指数高于下载行为要素综合评价指数，湖北省数据门户网站上的数据浏览水平高于数据下载水平。

（3）数据利用耦合度方面的研究结论

政府数据的利用耦合度是指浏览行为要素和下载行为要素之间的耦合程度。

现分别就单独样本平台的耦合度和整体样本平台的耦合度梳理研究结论：

第一，就单独样本平台而言，样本平台之间的利用耦合水平差距较小。

第二，就整体样本平台而言，政府开放数据的利用耦合度已经处于拮抗耦合阶段并且接近磨合耦合阶段，湖北省样本平台的浏览行为及下载行为之间已经经历并超越了低水平耦合阶段，利用耦合子系统正在向着更加融合的阶段发展。

（4）数据利用协调度方面的研究结论

政府数据的利用协调度是指浏览行为要素和下载行为要素之间的协调程度。

现分别就单独样本平台的协调度和整体样本平台的协调度梳理研究结论：

第一，就单独样本平台而言，协调度的标准差和极差较大，不同政府平台的利用协调水平差距较大，存在较为明显的两极分化现象。

第二，就整体样本平台而言，政府数据平台的数据利用子系统整体处于中度协调水平，并向着更加协调的阶段发展。

（5）数据利用耦合协调聚类方面的研究结论

现基于整体研究样本平台，从浏览行为要素指数、下载行为要素指数、数据利用子系统的耦合度、数据利用子系统的协调度4个层面梳理湖北省样本平台的利用耦合聚类结论：

第一，多数政府平台的利用耦合度高于利用协调度，浏览行为和下载行为发展水平不高且差距较小。

第二，湖北省样本平台的开放耦合情况聚类为两类，武汉市和孝感市的平台单独聚为一类，宜昌市、黄冈市、十堰市、荆门市、黄石市、咸宁市等其余13个平台聚为一类。

9.1.3　政府数据价值耦合的研究结论

（1）数据价值要素方面的研究结论

政府数据的价值耦合子系统包括两个要素：调用价值要素和应用价值要素。

现分别就调用价值要素和应用价值要素梳理研究结论：

第一，在调用价值要素方面，包括数据调用量、数据调用率、单一样本数据调用率、整体样本数据调用率4个指标；就整体而言，湖北省样本平台的数据调用比率情况要优于数据调用的量值情况。

第二，在应用价值要素方面，包括数据应用量、数据应用率、单一样本数据应用率、整体样本数据应用率4个指标；就整体而言，湖北省样本平台的数据应用的比率情况要优于数据应用的量值情况。

（2）数据价值综合发展现状方面的研究结论

政府数据价值的综合发展现状包括两个方面：单独样本平台和整体样本平台。

现分别就单独样本平台和整体样本平台梳理研究结论：

第一，就单独样本平台而言，调用价值要素和应用价值要素综合评价指数较高的平台之间互有交集，具有较为一致的倾向性，武汉市政府数据平台在数据调用和应用情况方面均位居第一。

第二，就整体样本平台而言，湖北省样本平台在数据调用价值方面的差异较小，在数据应用价值方面具有较大的差异；数据应用价值综合评价指数高于数据调用价值综合评价指数，湖北省样本平台的数据应用水平高于数据调用水平。

（3）数据价值耦合度方面的研究结论

政府数据的开放耦合度是指调用价值要素和应用价值要素间的耦合程度。

现分别就单独样本平台的耦合度和整体样本平台的耦合度梳理研究结论：

第一，就单独样本平台而言，价值耦合度的标准差和极差较小，样本平台之间的价值耦合水平差距较小。

第二，就整体样本平台而言，价值耦合处于拮抗耦合阶段并且接近磨合耦合阶段，湖北省样本平台的调用价值要素和应用价值要素之间已经经历并超越了低水平耦合阶段，政府数据价值子系统正在向着更加融合的阶段发展。

（4）数据价值协调度方面的研究结论

政府数据的开放协调度是指调用价值要素和应用价值要素间的协调程度。

现分别就单独样本平台的协调度和整体样本平台的协调度梳理研究结论：

第一，就单独样本平台而言，政府数据价值协调度的标准差和极差较大，说明湖北省样本平台间的价值协调水平差距较大，存在两极分化现象。

第二，就整体样本平台而言，湖北省样本平台的数据价值子系统整体处于低度协调阶段，调用价值要素和应用价值要素之间失调。

（5）数据价值耦合协调聚类方面的研究结论

现基于整体研究样本平台，从调用价值要素综合评价指数、应用价值要素综合评价指数、数据价值子系统的耦合度、数据价值子系统的协调度4个层面梳理湖北省样本平台的价值耦合聚类结论：

第一，调用价值要素和应用价值要素的发展水平均不高且差距较小，导致多数湖北省样本平台的价值耦合度高于价值协调度。

第二，湖北省样本平台的价值耦合情况聚类为两类，武汉市政府的平台单独聚为一类，宜昌市、孝感市、黄冈市、十堰市、荆门市、黄石市、咸宁市等其余14个平台聚为一类。

9.1.4 政府开放数据系统耦合的研究结论

（1）子系统要素方面的研究结论

政府开放数据系统包括3个耦合子系统：开放子系统、利用子系统、价值子系统。

现分别就3个子系统梳理研究结论：

第一，开放子系统包括开放数量和开放质量两个要素，开放数量要素包括数据集数量、数据接口数量和数据容量3个指标，开放质量要素包括部门参与性、主题丰富性、格式多样性3个指标。

第二，利用子系统包括浏览行为和下载行为两个要素，浏览行为要素包括数据浏览量、数据浏览率、单一样本数据浏览率、整体样本数据浏览率4个指标，下载行为要素包括数据下载量、数据下载率、单一样本数据下载率、整体样本数据下载率4个指标。

第三，价值子系统包括调用价值和应用价值两个要素，调用价值要素包括数据调用量、数据调用率、单一样本数据调用率、整体样本数据调用率4个指标，应用价值要素包括数据应用量、数据应用率、单一样本数据应用率、整体样本数据应用率4个指标。

（2）子系统综合发展现状方面的研究结论

政府开放数据系统的综合发展现状主要包括3个方面：数据开放子系统、数据利用子系统、数据价值子系统。

现分别就单独样本平台以及整体样本平台梳理研究结论：

第一，就单独样本平台而言，数据开放子系统、数据利用子系统和数据价值子系统综合评价指数较高的平台之间互有交集，且武汉市政府数据平台在数据开放、数据利用和数据价值3个方面均位居第一，已有的政府数据开放平台具有一致的倾向性。

第二，就整体样本平台而言，数据开放的综合评价指数高于数据利用的综合评价指数，且高于数据价值的综合评价指数，湖北省整体政府开放数据资源的开放和利用现状均优于数据资源的价值实现现状。

（3）子系统耦合度方面的研究结论

政府开放数据的系统耦合度是指数据开放子系统、数据利用子系统、数据价值子系统之间的耦合程度。

现分别就单独样本平台的耦合度和整体样本平台的耦合度梳理研

究结论：

第一，就单独样本平台而言，政府开放数据系统耦合度的标准差和极差较大，说明湖北省各样本平台间的系统耦合水平差距较大，存在两极分化现象。

第二，就整体样本平台而言，政府开放数据的系统耦合度处于拮抗耦合阶段，说明湖北省已经上线政府平台的数据开放子系统、数据利用子系统以及数据价值子系统之间已经经历并超越了低水平耦合。

（4）子系统协调度方面的研究结论

政府开放数据的系统协调度是一个综合性的评价指标，它深入衡量了数据开放子系统、数据利用子系统、数据价值子系统三者之间的协同运作与配合程度。

现分别就单独样本平台的协调度和整体样本平台的协调度梳理研究结论：

第一，就单独样本平台而言，各子系统的协调度呈现较大的差异。具体而言，这些系统的标准差和极差数值均较高，直接反映了湖北省内不同样本平台之间的系统协调水平存在着显著的差距。换句话说，某些平台的系统协调度已经达到了较高水平，而另一些平台则仍处于较低水平，这种明显的两极分化现象无疑对推进政府开放数据构成挑战。

第二，就整体样本平台而言，湖北省各样本平台整体处于低度协调阶段，数据开放子系统、数据利用子系统、数据价值子系统之间处于极度失调状态，这种失调不仅限制了各子系统内部功能的充分发挥，也严重阻碍了它们之间的有效互动和整体效能的提升。

（5）子系统耦合协调聚类方面的研究结论

现从数据开放子系统的综合评价指数、数据利用子系统的综合评价指数、数据价值子系统的综合评价指数、政府开放数据系统的耦合度、政府开放数据系统的协调度5个层面，基于整体研究样本平台，梳理湖北省样本平台的系统耦合聚类结论：

第一，数据开放子系统、数据利用子系统、数据价值子系统的综合发展水平均不高且差距较小，导致多数政府平台的系统协调度低于系统耦合度。

第二，湖北省样本平台的耦合情况聚类为两类，武汉市的平台单独聚为一类，宜昌市、孝感市、黄冈市、十堰市、荆门市、黄石市、咸宁市等其余14个平台聚为一类。

9.2 研究不足与展望

9.2.1 研究局限与不足

（1）政府开放数据系统研究的局限与不足

政府开放数据系统包括数据开放子系统、数据利用子系统、数据价值子系统。其中，数据开放是数据利用的前提和基础，数据利用则是数据价值的实现前提，数据利用是数据开放和数据价值之间的中介和桥梁。

本书虽然对政府开放数据系统的耦合机制进行了理论分析，并对3个子系统，即数据开放子系统、数据利用子系统、数据价值子系统进行了实证研究，但是没有对这3个子系统之间的因果量化关系进行深入研究。

（2）政府开放数据成因研究的局限与不足

就当前政府数据开放平台整体情况而言，湖北省政府开放数据资源的开放和利用水平均优于数据资源的价值实现水平。

本书只是分别就政府数据的开放耦合、利用耦合现状以及价值耦合情况进行了实证分析，但是没有对这三者之间的相关关系和差异关系以及关系背后的影响因素和机制进行进一步探讨。

（3）政府开放数据效果研究的局限与不足

政府数据的价值实现是其开放和利用的目的所在，本书只是对政府数据的开放耦合现状、利用耦合现状以及价值耦合现状进行了统计分析，没有深入对比政府数据的开放试点区与非试点区在开放工作实施前后的经济发展水平，没有通过动态面板数据实证分析湖北省政府开放数据的价值赋能效应。

9.2.2　未来研究展望

（1）政府开放数据的系统量化研究

政府开放数据的系统量化研究是一个涉及多个子系统、多个层面的复杂课题。需要通过科学的方法和手段，深入探究各子系统之间的内在联系和相互作用，以准确评估政府开放数据的整体效能和价值。

同时，需要对政府开放数据的数据开放子系统、数据利用子系统、数据价值子系统这3个子系统之间的相关关系进行深入研究，进一步分析和量化数据利用子系统在数据开放子系统和数据价值子系统之间的中介作用，探讨数据开放子系统和数据利用子系统对数据价值实现的影响和作用程度。

（2）政府开放数据的影响成因研究

政府开放数据的影响因素研究需要从多个角度、多个层面进行深入剖析和量化分析，探究揭示政府开放数据背后的影响因素和作用机制。

需要探讨数据开放、数据利用、数据价值之间的差异性，这种差异性既体现在不同国家、不同地区之间，也体现在同一国家、同一地区的不同部门之间。

此外，需要通过对比分析和案例研究，揭示造成这种差异现象背后的影响因素和内在逻辑，如政策环境、技术支持、文化传统等。

还需要通过数学建模和统计分析等方法，分析数据开放、数据利用以及数据价值之间的相关关系，为推动政府开放数据的实践发展提供有力的理论支撑。

（3）政府开放数据的价值效应研究

政府开放数据日益受到社会各界的广泛关注，其价值效应研究能够为数字时代的社会经济发展贡献智慧与力量。例如，结合倾向得分匹配和双重差分法，构造政府开放数据价值赋能的函数方程。对比政府数据开放试点区与非试点区在开放工作实施前后的经济发展水平、经济发展规模和经济发展结构，结合动态面板数据，实证分析我国政府开放数据的价值赋能效应。

9.3 本章小结

本章内容围绕政府数据的三大核心耦合子系统——开放耦合子系统、利用耦合子系统以及价值耦合子系统，进行了全面而深入的探讨，并对主要的研究结论进行了系统的梳理，指出研究存在的局限与不足之处，对未来可能的研究方向提出了展望。

总的来说，政府开放数据具有重要的要素价值，是推动经济社会发展的重要力量。为了充分发挥政府数据的潜力，需要加快推进政府数据的开放共享，提升数据资源价值，实现政府数据的要素化和数据要素的市场化。

参考文献

［1］ 周志峰. 群体智慧视域下政府数据开放的管理研究［M］. 武汉：武汉大学出版社，2020.

［2］ 李银秀. 政府规模与经济增长［M］. 北京：中国社会科学出版社，2017.

［3］ 陈振明. 政策科学［M］. 北京：中国人民大学出版社，1998.

［4］ 邓恩. 公共政策分析导论［M］. 谢明，杜子芳，等译. 北京：中国人民大学出版社，2010.

［5］ NEURONI A C，RIEDL R，BRUGGER J. Swiss Executive Authorities on open government Data-policy making beyond transparency and participation ［C］//Proceedings of the 46th Hawaii International Conference on System Sciences （HICSS）. Waikoloa Village：IEEE Computer Society，2013：1911-1920.

［6］ BAX V. Open data and open source GIS in green government applications：Assessing Peruvian Amazon Deforestation ［C］//Proceedings of the 2018 International Conference on eDemocracy & eGovernment （ICEDEG）. Ambato，Ecuador：IEEE，2018：195-200.

［7］ QANBARI S，REKABSAZ N，DUSTDAR S. Open government data as a service （GoDaaS）：Big data platform for mobile app developers ［C］//

Proceedings of the International Conference on Future Internet of Things & Cloud. Milan: IEEE Computer Society, 2015: 398-403.

[8] NERURKAR A, DAS I. Open data readiness assessment framework for Government projects: Indian perspective [C] //Proceedings of the 2020 IEEE International Conference on Information and Communication Technology for Intelligent Systems. New Delhi: IEEE, 2020: 1-10.

[9] SRIMUANG C, COOHAROJANANONE N, TANLAMAI U, et al. The study of public organization's intention to use an open government data assessment application: Testing with an applicable TAM [C] //12th International Conference for Internet Technology and Secured Transactions (ICITST). Cambridge: IEEE Computer Society, 2017: 231-236.

[10] CHU P Y, LEE F W. An evaluation of motivations and perceived impacts of open government data [C] //17th International Conference on e-Society 2019. Auckland: IEEE, 2019: 45-56.

[11] 复旦大学数字与移动治理实验室. 中国地方政府数据开放报告 2018 [R]. 上海: 复旦大学, 2018.

[12] 复旦大学数字与移动治理实验室. 中国地方政府数据开放平台报告 2017 [R]. 上海: 复旦大学, 2017.

[13] 康缤清. 政策科学视域下我国政府开放数据政策模型构建研析 [D]. 哈尔滨: 黑龙江大学, 2019.

[14] 曾倩. 政府数据开放平台的用户需求预测模型研究 [D]. 成都: 成都理工大学, 2019.

[15] 陈红玉. 开放政府数据的溯源模型及应用研究 [D]. 大连: 大连海事大学, 2019.

[16] 张楠. 基于生命周期的政府开放数据质量管理研究 [D]. 郑州: 郑州航空工业管理学院, 2020.

[17] 林焱. 我国政府数据开放的元数据管理研究 [D]. 武汉: 武汉大学, 2018.

[18] 蔡昱. 政府数据开放平台服务质量影响因素研究 [D]. 保定: 河北大

学，2020.

[19] 郭景洋. 我国开放政府数据建设的政策保障体系构建 [D]. 郑州：郑州大学，2018.

[20] 马伍翠. 面向公众服务的政府数据开放机制研究 [D]. 淄博：山东理工大学，2019.

[21] 赵千乐. 我国政府数据开放保障机制研究 [D]. 杭州：浙江大学，2018.

[22] 程帅. 我国政府数据开放保障机制研究 [D]. 哈尔滨：黑龙江大学，2018.

[23] 王林川. 开放政府数据平台绩效评估指标体系研究 [D]. 合肥：合肥工业大学，2018.

[24] 徐慧娜. 用户利用导向的开放政府数据研究 [D]. 上海：复旦大学，2014.

[25] 莫富传. 政府数据开放的价值实现研究 [D]. 武汉：华中师范大学，2020.

[26] 钱思晨. 基于协同理论的开放数据价值实现研究 [D]. 南宁：广西民族大学，2019.

[27] 许媛. 股权激励对创新绩效的影响研究 [D]. 锦州：渤海大学，2019.

[28] 唐新建. 河北省开放政府数据平台设计研究 [D]. 保定：河北大学，2017.

[29] 葛百潞. 中西方政府数据开放比较研究 [D]. 昆明：云南大学，2017.

[30] 冯洁. 地方政府数据开放平台的用户体验影响因素研究 [D]. 上海：上海交通大学，2019.

[31] 李荣峰. 中国政府数据开放平台建设问题研究 [D]. 长春：吉林大学，2018.

[32] 赵宇慈. 政府数据开放中的隐私保护研究 [D]. 石家庄：石家庄铁道大学，2020.

[33] 李欣. 无锡市政府数据开放碎片化问题及其对策研究 [D]. 徐州：中国矿业大学，2020.

[34] 王文强. 政府数据开放背景下中美信息安全保障比较研究 [D]. 武汉：武汉大学，2017.

[35] 陶晨阳. 开放政府数据的元数据质量评价方法及保障机制研究 [D]. 大连：大连海事大学，2020.

[36] 廖思雨. 阜阳市政府数据开放平台公众满意度影响因素研究 [D]. 合肥：安徽大学，2020.

[37] 谭梦琪. 中国农村普惠金融发展与贫困减缓耦合关系研究 [D]. 武汉：武汉大学，2018.

[38] 乔楠. 我国地方政府数据开放政策扩散影响因素与多元路径研究 [D]. 上海：上海交通大学，2020.

[39] 任波. 体育产业与城市化耦合发展机理及其效应研究 [D]. 上海：上海体育学院，2021.

[40] 罗佳欣. 东北地区城市土地利用与生态环境耦合协调发展研究 [D]. 哈尔滨：哈尔滨师范大学，2021.

[41] 熊仁恺. 建筑业创新与区域经济发展耦合协调性研究 [D]. 成都：西华大学，2020.

[42] 林明燕. 我国政府数据开放平台的绩效评估指标体系及应用研究 [D]. 福州：福建师范大学，2019.

[43] 马美艳. 政府开放数据生态链形成机理研究 [D]. 西安：西安石油大学，2020.

[44] 黄怡芸. 政府数据开放平台公众采纳意向研究 [D]. 成都：电子科技大学，2020.

[45] 徐铭. 基于价值共创的政府数据开放平台评估方法研究 [D]. 南京：南京大学，2018.

[46] 刘博浩. 我国开放政府数据质量评价研究 [D]. 郑州：郑州大学，2019.

[47] 刘迪. 基于用户需求的地方政府数据开放平台优化策略研究 [D]. 哈尔滨：哈尔滨工业大学，2019.

[48] 刘好. 基于 TOE-TAM 模型的政府数据开放平台利用的影响因素研究

[D]. 哈尔滨：黑龙江大学，2021.

[49] 郑娜静. 我国政府开放数据生态系统评价指标构建研究 [D]. 保定：河北大学，2021.

[50] 田王超. 协同治理视域下数据开放生态系统构建研究 [D]. 大连：辽宁师范大学，2020.

[51] 杨东谋，罗晋，王慧茹，等. 国际政府数据开放实施现况初探 [J]. 电子政务，2013（6）：16-25.

[52] 姚乐，樊振佳，赖茂生. 政府开放数据与智慧城市建设的战略整合初探 [J]. 图书情报工作，2013，57（13）：12-17.

[53] 夏义堃. 国际组织开放政府数据评估方法的比较与分析 [J]. 图书情报工作，2015，59（19）：75-83.

[54] 黄如花，刘龙. 英国政府数据开放中的个人隐私保护研究 [J]. 图书馆建设，2016（12）：47-52.

[55] 于梦月，翟军，林岩. 我国地方政府开放数据的核心元数据研究 [J]. 情报杂志，2016，35（12）：98-104.

[56] 李重照，黄璜. 英国政府数据治理的政策与治理结构 [J]. 电子政务，2019，36（1）：20-31.

[57] 王晶. 美国政府数据开放政策最新进展及启示 [J]. 信息通信技术与政策，2019（9）：35-38.

[58] 刘芮，谭必勇. 数据驱动智慧服务：澳大利亚政府数据治理体系及其对我国的启示 [J]. 电子政务，2019（10）：68-80.

[59] 安小米，白献阳，洪学海. 政府大数据治理体系构成要素研究——基于贵州省的案例分析 [J]. 电子政务，2019（2）：2-16.

[60] 段尧清，陈玲，徐玲. 中外政府开放数据领域的研究热点与前沿分析 [J]. 情报科学，2017，35（11）：89-93.

[61] 王知津，李巧英，李圆方，等. 国外开放数据研究进展 [J]. 情报科学，2020，38（11）：162-170.

[62] 赵蓉英，亓永康，王旭. 我国开放数据研究态势分析 [J]. 情报科学，

2019，37（2）：154-160.

[63] 季统凯，刘甜甜，伍小强. 政府数据开放：概念辨析、价值与现状分析 [J]. 北京工业大学学报，2017，43（3）：327-334.

[64] 郑磊. 开放不等于公开、共享和交易：政府数据开放与相近概念的界定与辨析 [J]. 南京社会科学，2018（9）：83-91.

[65] 郑磊. 开放政府数据研究：概念辨析、关键因素及其互动关系 [J]. 中国行政管理，2015（11）：13-18.

[66] 胡海波，高鹏. 面向用户服务的政府开放数据：一个概念性阐释框架 [J]. 情报理论与实践，2018，41（6）：45-51.

[67] 薛智胜，艾意. 政府数据开放的概念及其范围界定 [J]. 财经法学，2019（6）：13-23.

[68] 胡吉明，温芳芳，黄如花，等. 中国政府数据开放研究的主题关联结构与演化态势 [J]. 情报资料工作，2019，40（4）：56-68.

[69] 李红芹，翟军，邹书怡. 开放数据背景下美国政府支出数据标准的启示 [J]. 图书馆，2019（8）：29-38.

[70] 司莉，赵洁. 美国开放政府数据元数据标准及启示 [J]. 图书情报工作，2018，62（3）：86-93.

[71] 高红萍. 政府数据开放特征与价值研究 [J]. 合作经济与科技，2019（9）：185-187.

[72] 张晓娟，孙成，向锦鹏，等. 基于国际评估体系的政府数据开放指标特征与模式分析 [J]. 图书与情报，2017（2）：28-40.

[73] 付熙雯，郑磊. 开放政府数据的价值：研究进展与展望 [J]. 图书情报工作，2020，64（9）：122-132.

[74] 黄如花，何乃东，李白杨. 我国开放政府数据的价值体系构建 [J]. 图书情报工作，2017，61（20）：6-11.

[75] 周志纲. 基于DIKW模型的政府数据开放价值创造优化研究 [J]. 图书情报导刊，2020，5（4）：34-39.

[76] 沈晶，胡广伟. 利益相关者视角下政府数据开放价值生成机制研究 [J].

情报杂志，2016，35（12）：92-97.

[77]   王卫，王晶，张梦君. 开放政府数据价值实现理论框架及实证研究［J］.
        图书馆，2019（9）：40-45；74.

[78]   王卫，王晶，张梦君. 生态系统视角下开放政府数据价值实现影响因素
        分析［J］. 图书馆理论与实践，2020（1）：1-7.

[79]   司林波，刘畅，孟卫东. 政府数据开放的价值及面临的问题与路径选择
        ［J］. 图书馆学研究，2017（14）：79-84.

[80]   赵需要，侯晓丽，徐堂杰，等. 政府开放数据生态链：概念、本质与类
        型［J］. 情报理论与实践，2019，42（6）：22-28.

[81]   段尧清，姜慧，汤弘昊. 政府开放数据全生命周期：概念、模型与结
        构——系统论视角［J］. 情报理论与实践，2019，42（5）：35-40；50.

[82]   袁莉. 政府开放数据评估的成熟度模型及其对我国的启示［J］. 情报资
        料工作，2018（3）：64-68.

[83]   莫祖英，邝苗苗. 基于用户视角的政府开放数据质量评价模型及实证研
        究［J］. 大学图书情报学刊，2020，38（4）：84-89.

[84]   朱晓峰，杨建豪，蒋勋. 融入改进 SIR 模型的政府数据开放平台传
        播——共生演化模型构建与仿真［J］. 现代情报，2020，40（10）：
        122-131.

[85]   陈朝兵，郝文强. 我国政府数据开放的力场模型与路径选择研究［J］.
        图书情报知识，2020（6）：128-135.

[86]   赵树宽，孙彦明，张福俊，等. 基于跨界融合的政府数据开放共享模型
        研究［J］. 图书情报工作，2018，62（12）：21-29.

[87]   高天鹏，莫太林. 政府数据开放平台用户初始采纳模型及实证研究［J］.
        电子政务，2018（11）：69-82.

[88]   孙璐，李广建. 政府开放数据应用分析模型构建研究［J］. 图书情报工
        作，2017，61（3）：97-108.

[89]   王卫，王晶，张梦君. 基于数据生命周期的政府数据开放平台框架构建
        研究［J］. 图书馆理论与实践，2019（3）：107-112.

[90]　陈美. 基于CKAN的政府数据开放平台构建 [J]. 现代情报，2019，39
　　　（3）：69-76.

[91]　李盼，翟军，陈燕. 基于Drupal的政府数据开放平台构建 [J]. 现代情
　　　报，2016，36（8）：37-43.

[92]　钱晓红，胡芒谷. 政府数据开放平台的构建及技术特征 [J]. 图书情报
　　　知识，2014（3）：124-129.

[93]　岳丽欣，刘文云. 我国政府数据开放平台建设现状及平台框架构建研究
　　　[J]. 图书馆，2017（2）：81-85；107.

[94]　夏义堃. 论政府数据开放风险与风险管理 [J]. 情报学报，2017，36
　　　（1）：18-27.

[95]　鲍静，张勇进，董占广. 我国政府数据开放管理若干基本问题研究 [J].
　　　行政论坛，2017，24（1）：25-32.

[96]　黄如花，王春迎. 英美政府数据开放平台数据管理功能的调查与分析
　　　[J]. 图书情报工作，2016，60（19）：24-30.

[97]　马海群，唐守利. 基于结构方程的政府开放数据网站服务质量评价研究
　　　[J]. 现代情报，2016，36（9）：10-15；33.

[98]　顾嘉琪，袁莉. 基于公众需求的政府数据开放服务质量提升研究 [J].
　　　情报杂志，2020，39（6）：196-202.

[99]　林平，何思奇，段尧清. 数据与用户视角下政府开放数据服务水平评价
　　　研究 [J]. 图书情报工作，2020，64（2）：23-29.

[100]　周文泓. 面向公共服务的地方政府开放数据进展、问题与对策研究 [J].
　　　图书馆，2018（8）：5-10；56.

[101]　屠健，马海群. 我国政府数据开放平台在线服务功能调研与分析 [J].
　　　图书馆研究与工作，2019（9）：39-43.

[102]　陈美，曹阳赤. 治理理论与开放政府数据服务的社会参与 [J]. 现代情
　　　报，2020，40（6）：129-136.

[103]　贾一苇，刘鹭鸶. 英国完善数据开放提升政府服务质量经验借鉴 [J].
　　　电子政务，2015（12）：105-116.

[104] 黄如花，王春迎，范冰玥，等. 加拿大图书馆开放政府数据服务实践调查分析及对我国的启示 [J]. 图书馆学研究，2018 (13)：97-101.

[105] 姜慧，段尧清. 基于用户敏感度的政府开放数据服务失误补救时机策略研究 [J]. 图书情报工作，2020，64 (2)：30-37.

[106] 唐长乐，王春迎. 基于政务云数据中心的政府数据开放共享服务集成平台研究 [J]. 情报资料工作，2017，35 (5)：13-19.

[107] 王毛路，华跃. 数据脱敏在政府数据治理及开放服务中的应用 [J]. 电子政务，2019，35 (5)：94-103.

[108] 孙浩，陈美. 荷兰政府开放数据的政策法规保障及启示 [J]. 情报杂志，2021 (1)：1-8.

[109] 胡逸芳，林焱. 加拿大政府数据开放政策法规保障及对中国的启示 [J]. 电子政务，2017 (5)：2-10.

[110] 黄如花，林焱. 法国政府数据开放共享的政策法规保障及对我国的启示 [J]. 图书馆，2017 (3)：1-6.

[111] 黄如花，刘龙. 英国政府数据开放的政策法规保障及对我国的启示 [J]. 图书与情报，2017，38 (1)：1-9.

[112] 黄雨婷，黄如花. 丹麦政府数据开放的政策法规保障及对我国的启示 [J]. 图书与情报，2017，38 (1)：27-36.

[113] 蔡婧璇，黄如花. 美国政府数据开放的政策法规保障及对我国的启示 [J]. 图书与情报，2017，38 (1)：10-17.

[114] 陈萌. 澳大利亚政府数据开放的政策法规保障及对我国的启示 [J]. 图书与情报，2017，38 (1)：18-26.

[115] 程银桂，赖彤. 新西兰政府数据开放的政策法规保障及对我国的启示 [J]. 图书情报工作，2016，60 (19)：15-23.

[116] 晏晓菁. 开放政府数据管理政策研究 [J]. 农业图书情报学刊，2017，29 (12)：81-84.

[117] 陈美. 澳大利亚地方政府开放数据的保障机制研究——基于多元公共行政观的视角 [J]. 情报理论与实践，2017，40 (12)：139-144；111.

[118] 王德夫. 论大数据语境下政府数据开放的制度保障 [J]. 图书与情报, 2018, 39 (4): 35-42.

[119] 刘文云, 岳丽欣, 马伍翠, 等. 政府数据开放保障机制在数据质量控制中的应用研究 [J]. 情报理论与实践, 2018, 41 (4): 21-27.

[120] 朱晓鑫, 张广海, 孙佰清, 等. 人工智能时代我国政府开放应急管理数据的应用研究 [J]. 图书馆理论与实践, 2019 (6): 61-67.

[121] 武琳, 吴绮琪. 英美公共安全领域政府开放数据应用进展 [J]. 情报杂志, 2018, 37 (4): 183-186; 207.

[122] 陈美. 面向增值利用的开放政府数据商业应用研究 [J]. 图书馆, 2017 (12): 25-30.

[123] 梁艺多, 翟军, 林岩. 国外图书馆参与政府数据开放的实证研究及对我国的启示 [J]. 图书馆工作与研究, 2020 (8): 42-50.

[124] 周文泓, 文传玲, 许强宁, 等. 面向政府开放数据利用的发达国家与地区应用开发调查及其启示 [J]. 情报杂志, 2020, 39 (2): 124-133.

[125] 孟显印, 杨超. 我国开放政府数据应用开发的现状与问题——基于开放政府数据平台的分析 [J]. 情报杂志, 2020, 39 (3): 163-171; 197.

[126] 莫富传, 冯翠翠, 苏玲. 政府开放数据应用热点研究 [J]. 数字图书馆论坛, 2019 (6): 66-72.

[127] 杨波丽. 大数据环境下我国政府数据开放及应用研究 [J]. 中国管理信息化, 2019, 22 (1): 156-157.

[128] 李平. 开放政府数据、推进应用创新的中外模式比较 [J]. 中国科技论坛, 2017 (12): 161-166

[129] 翁士洪, 林晨晖, 早克然·库地热提. 突发事件政府数据开放质量评估研究: 新冠病毒疫情的全国样本实证分析 [J]. 电子政务, 2020 (5): 2-13.

[130] 陈美, 谭纬东. 政府开放数据的隐私风险评估与防控: 新西兰的经验 [J]. 情报理论与实践, 2020, 43 (5): 110-114; 90.

[131] 陈美. 政府开放数据的隐私风险评估与防控: 英国的经验 [J]. 中国行

政管理，2020（5）：153-159.

[132] 陈美. 政府开放数据的隐私风险评估与防控：法国的经验 [J]. 情报资料工作，2020，41（2）：99-105.

[133] 张晓娟，谭婧. 我国省级政府数据开放平台元数据质量评估研究 [J]. 电子政务，2019（3）：58-71.

[134] 翟军，陶晨阳，李晓彤. 开放政府数据质量评估研究进展及启示 [J]. 图书馆，2018（12）：74-79.

[135] 韦忻伶，安小米，李雪梅，等. 开放政府数据评估体系述评：特点分析 [J]. 图书情报工作，2017，61（18）：119-127.

[136] 王迪. 开放政府数据评估体系比较研究 [J]. 情报资料工作，2017（5）：27-33.

[137] 姜鑫，马海群. 开放政府数据评估方法与实践研究——基于《全球开放数据晴雨表报告》的解读 [J]. 现代情报，2016，36（9）：22-26.

[138] 唐长乐，张晓娟. 政府开放数据更新评估研究：类型、性能与测度 [J]. 情报资料工作，2019，40（1）：105-112.

[139] 范佳佳. 政府开放数据利用效率评估研究 [J]. 图书馆论坛，2018，38（11）：107-113.

[140] 蔡城城，刘新萍，郑磊. 开放政府数据准备度评估：法律法规与政策 [J]. 电子政务，2017（9）：41-47.

[141] 夏姚璜，邢文明. 开放政府数据评估框架下的数据质量调查与启示——基于《中国地方政府数据开放报告（2018）》[J]. 情报理论与实践，2019，42（8）：44-49；66.

[142] 韩磊，胡广伟. 政府数据开放平台建设效率评估及其启示 [J]. 数字图书馆论坛，2018（9）：52-59.

[143] 沈晶，韩磊，胡广伟. 政府数据开放发展速度指数研究——基于我国省级政府数据开放平台的评估 [J]. 情报杂志，2018，37（11）：156-163.

[144] 王迪，RICHARDS D. 我国省级政府数据开放平台可用性评估 [J]. 图书馆论坛，2021（1）：1-12.

[145] 林明燕，张廷君. 地方政府数据开放平台绩效评估指标体系实证研究 [J]. 图书馆理论与实践，2019（12）：46-54.

[146] 武琳，伍诗瑜. 城市开放政府数据平台服务绩效评估体系构建及应用 [J]. 图书馆论坛，2018，38（2）：59-65.

[147] 陈朝兵，郝文强. 国外政府数据开放隐私影响评估的政策考察与启示——以美英澳新四国为例 [J]. 情报资料工作，2019，40（5）：23-30.

[148] 黄如花，温芳芳. 开放政府数据生命周期视角的我国政府数据资源管理政策文本内容分析——国家各部门的政策实践 [J]. 图书馆，2018（6）：1-7；14.

[149] 朱晓峰，盛天祺，张卫. 重大突发公共事件冲击下政府数据开放的共生运行机制研究：构建与演进 [J]. 情报理论与实践，2020，43（12）：80-88.

[150] 王法硕，王翔. 我国政府数据开放利用的影响因素与实现路径——一项基于扎根理论的质性研究 [J]. 情报杂志，2016，35（7）：151-157.

[151] 段尧清，邱雪婷，何思奇. 主题与区域视角下我国城市政府开放数据利用现状分析 [J]. 图书情报工作，2018，62（20）：65-76.

[152] 陈玲，段尧清，钱文海. 基于变异系数法的政府开放数据利用行为耦合协调性研究 [J]. 信息资源管理学报，2021，11（2）：109-118.

[153] 陈玲，段尧清. 政务大数据政策的技术创新效应分析——基于PSM-DID方法的估计 [J]. 图书情报工作，2020，64（20）：96-105.

[154] 陈玲，段尧清. 我国政府开放数据政策的实施现状和特点研究：基于政府公报文本的量化分析 [J]. 情报学报，2020，39（7）：698-709.

[155] 陈玲，段尧清，王冰清. 数字政府建设和政府开放数据的耦合协调性分析 [J]. 情报科学，2020，38（1）：162-168.

[156] 迪莉娅. 政府数据开放成熟度模型研究 [J]. 现代情报，2019，39（1）：103-110.

[157] 庞庆华，李铭珍，李涵. 长江经济带金融集聚、区域创新与生态效率的

空间耦合协调发展研究 [J]. 工业技术经济, 2019, 38 (2): 68-76.

[158] 成艾华, 蒋杭. 基于G1-变异系数法的普惠金融发展指数研究——以湖北为例 [J]. 武汉金融, 2018 (4): 24-29.

[159] 徐国冲, 李威瑢. 我国城市治理的评估与发展——基于变异系数法的聚类分析 [J]. 发展研究, 2019 (9): 45-57.

[160] 钱慧敏, 何江, 关娇. "智慧; 共享" 物流耦合效应评价 [J]. 中国流通经济, 2019, 33 (11): 3-16.

[161] 段忠贤, 沈昊天, 吴艳秋. 大数据驱动型政府决策: 要素、特征与模式 [J]. 电子政务, 2018 (2): 45-52.

[162] 郑磊, 韩笑, 朱晓婷. 地方政府数据开放平台研究: 功能与体验 [J]. 电子政务, 2019 (9): 12-22.

[163] QUINTANILLA G, GIL-GARCIA J R. Open government and linked data: Concepts, experiences and lessons based on the Mexican Case [J]. Revista del CLAD Reforma y Democracia, 2016 (65): 69-102.

[164] MOLES N. Open government data (OGD): challenging the concept of a "Designated Community" [J]. Records Management Journal, 2020, 30 (3): 123-140.

[165] AVEN T, RENN O. Improving government policy on risk: Eight key principles [J]. Reliability Engineering & System Safety, 2018, 176: 230-241.

[166] SRINIVAS J, DAS A K, KUMAR N. Government regulations in cyber security: Framework, standards and recommendations [J]. Future generation computer systems, 2019, 92 (MAR.): 178-188.

[167] PARK S, AKATYEV N, JANG Y, et al. A comparative study on data protection legislations and government standards to implement digital forensic Readiness as mandatory requirement [J]. Digital Investigation, 2018, 24: S93-S100.

[168] ROTONDO E. UK government's Open Standards Consultation - A step in the

wrong direction? [J]. Computer Law & Security Review the International Journal of Technology & Practice, 2012, 28 (4): 453-457.

[169] GEERTEN V D K, MARIJN J, JAFAR R .Standards battles for business-to-government data exchange: Identifying success factors for standard dominance using the Best Worst Method [J]. Technological Forecasting and Social Change, 2018, 137: 182-189.

[170] KREMEN P, NECASKY M .Improving discoverability of open government data with rich metadata descriptions using semantic government vocabulary [J]. Journal of Web Semantics, 2019, 55 (MAR.): 1-20.

[171] KUBLER S, ROBERT J, NEUMAIER S, et al. Comparison of metadata quality in open data portals using the Analytic Hierarchy Process [J]. Government Information Quarterly, 2017, 35 (1): 13-29.

[172] ANNEKE, ZUIDERWIJK, MARIJN, et al. The wicked problem of commercial value creation in open data ecosystems: Policy guidelines for governments [J]. Information Polity, 2016, 21 (3).

[173] MAGALHAES G, ROSEIRA C .Open government data and the private sector: An empirical view on business models and value creation [J]. Government Information Quarterly, 2017, 37 (3).

[174] MCBRIDE K, AAVIK G, TOOTS M, et al.How does open government data driven co-creation occur? Six factors and a "perfect storm"; insights from Chicago's food inspection forecasting model [J]. Government Information Quarterly, 2019, 36 (1): 88-97.

[175] SRIMUANG C, COOHAROJANANONE N, TANLAMAI U, et al. Development of an open government data assessment model: User-centric approach to identify the weighted components in Thailand [J]. International Journal of Electronic Governance, 2018, 10 (3): 1.

[176] LEE-GEILLER S, LEE T D . Using government websites to enhance democratic E-governance: A conceptual model for evaluation [J]. Government

Information Quarterly, 2019, 36 (2): 208-225.

[177] RUIJER E, GRIMMELIKHUIJSEN S, HOGAN M, et al.Connecting societal issues, users and data.Scenario-based design of open data platforms [J]. Government Information Quarterly, 2017, 34 (3): 470-480.

[178] DANNEELS L, VIAENE S, JOACHIM V D B .Open data platforms: Discussing alternative knowledge epistemologies [J]. Government Information Quarterly, 2017, 34 (3): 365-378.

[179] RAVINDER, KUMAR, VERMA, et al.Government portals, social media platforms and citizen engagement in India: Some insights [J]. Procedia Computer Science, 2017, 122: 842-849.

[180] HANEEM F, KAMAA N, TASKIN N, et al.Determinants of master data management adoption by local government organizations: An empirical study [J]. International Journal of Information Management, 2018, 45: 25-43.

[181] SCHMIDTHUBER L, HILGERS D, GEGENHUBER T, et al. The emergence of local open government: Determinants of citizen participation in online service reporting [J]. Government Information Quarterly, 2017, 34 (3): 457-469.

[182] JARKE J .Open government for all? Co-creating digital public services for older adults through data walks [J]. Online Information Review, 2019, 43: 1003-1020.

[183] CHATFIELD T, TAKEOKA A, REDDICK C, et al.A longitudinal cross-sector analysis of open data portal service capability: The case of Australian local governments [J]. Government information quarterly, 2017, 34 (2): 231-243.

[184] FRAGKOU P, GALIOTOU E, MATSAKAS M .Enriching the e-GIF Ontology for an improved application of linking data technologies to Greek open government data [J]. Procedia-Social and Behavioral Sciences, 2014, 147: 167-174.

[185]   CHATFIELD A T, REDDICK C G .A framework for Internet of Things-enabled smart government: A case of IoT cybersecurity policies and use cases in U.S.Federal Government [J]. Government Information Quarterly, 2018, 36 (2): 346-357.

[186]   STUTI S, SAXENA S.Open government data (OGD) in six Middle East countries: An evaluation of the national open data portals [J]. Digital Policy Regulation & Governance, 2018, 20 (4): 310-322.

[187]   BATES, JO. The strategic importance of information policy for the contemporary neoliberal state: The case of open government data in the United Kingdom [J]. Government Information Quarterly, 2014, 31 (3): 388-395.

[188]   JUNG K, PARK H W .A semantic (TRIZ) network analysis of South Korea's "Open Public Data" policy [J]. Government Information Quarterly, 2015, 32 (3): 353-358.

[189]   SONG S, LEE J Y .Comparative analysis of national policies for open data government ecosystem [J] . Journal of Society of Korea Industrial and Systems Engineering, 2018. 41 (1): 128-139.

[190]   CHATFIELD A T, REDDICK C G.The role of policy entrepreneurs in open government data policy innovation diffusion: An analysis of Australian Federal and State Governments [J] . Government information quarterly, 2018, 35 (1): 123-134.

[191]   SONG S, LEE S, SHIN Y. et al.A Study on the effectiveness of Korea's open government data policy: ecosystem perspective [J] . Journal of Korean Associastion for Regional Information Society, 2017, 20 (4): 1-34.

[192]   MUNGAI P W .Causal mechanisms and institutionalisation of open government data in Kenya [J]. Electronic Journal of Information Systems in Developing Countries, 2018, 84 (6).

[193]   BULAI H, HOROBE S, BELASCU S.Improving local governments' financial

sustainability by using open government data: An application of high-granularity estimates of personal income levels in Romania [J]. Sustainability, 2019, 11 (20): 5632.

[194] MERGEL INES. The long way from government open data to mobile health apps: Overcoming institutional barriers in the US federal government [J]. JMIR mHealth and uHealth, 2014, 2 (4): 58.

[195] HSIN Y Y, CHING L. An application of open government data: An evidence on physical activity environment and non-communicable diseases [J]. International Journal of Computer Theory and Engineering, 2017, 9 (4): 308-312.

[196] VIEIRA D I, ALVARO A, TANIAR D, et al. A centralized platform of open government data as support to applications in the smart cities context [J]. International Journal of Web Information Systems, 2018, 14 (1): 2-28.

[197] GRAVES A, HENDLER J. A study on the use of visualizations for open government data [J]. Information Polity, 2014, 19 (1): 73-91.

[198] VETRO A, CANOVA L, TORCHIANO M, et al. Open data quality measurement framework: Definition and application to open government data [J]. Government Information Quarterly, 2016, 33 (2): 325-337.

[199] CARRASCO C, SOBREPERE X. Open government data: An assessment of the spanish municipal situation [J]. Social Science Computer Review, 2015, 33 (5): 631-644.

[200] PARYCEK P, HOCHTL J, GINNER M. Open government data implementation evaluation [J]. Journal of Theoretical and Applied Electronic Commerce Research, 2014, 9 (2): 80-99.

[201] ZHANG H, XIAO J. Quality assessment framework for open government data: Meta-synthesis of qualitative research, 2009—2019 [J]. The Electronic Library, 2020, 38 (2): 206-222.

[202] LV H, MA H. Performance assessment and major trends in open government

data research based on web of science data［J］. Data Technologies and Applications，2019，53（2）：286-303.

［203］ HUANG R，WANG C，ZHANG X，et al. Design，develop and evaluate an open government data platform：A user-centred approach［J］. The Electronic Library，2019，37（3）：550-562.

［204］ CORREA A S，SOUZA R M D，SILVA F S C D. Towards an automated method to assess data portals in the deep web［J］. Government Information Quarterly，2019，36（3）：412-426.

［205］ 国务院办公厅. 关于依托全国一体化政务服务平台建立政务服务效能提升常态化工作机制的意见［EB/OL］.［2025-01-26］. https：//www. gov. cn/zhengce/zhengceku/202309/ content_6902009.htm.

［206］ 国务院. 关于印发促进大数据发展行动纲要的通知［EB/OL］.［2025-01-26］. http：//www. gov. cn/zhengce/content/2015-09/05/content_10137. htm.

［207］ 国务院. 关于印发政务信息资源共享管理暂行办法的通知［EB/OL］.［2025-01-26］. http：//www. gov. cn/zhengce/content/2016-09/19/content_5109486.htm.

［208］ 国务院办公厅. 关于印发政务信息系统整合共享实施方案的通知［EB/OL］.［2025-01-26］. http：//www. gov. cn/zhengce/content/2017-05/18/content_5194971.htm.

［209］ 中央网信办，发展改革委，工业和信息化部. 公共信息资源开放试点工作方案［EB/OL］.［2025-01-26］. https：//www.cac.gov.cn/2018-01/05/c_1122215495.htm.

［210］ 中共中央，国务院. 关于构建更加完善的要素市场化配置体制机制的意见［EB/OL］.［2025-01-26］. https：//www. gov. cn/zhengce/2020-04/09/content_5500622.htm.

［211］ 中华人民共和国中央人民政府. 中华人民共和国国民经济和社会发展第十四个五年规划和2035年远景目标纲要［EB/OL］.［2025-01-26］.

https：//www.gov.cn/xinwen/2021-03/13/content_5592681.htm.

[212] 工业和信息化部．关于印发"十四五"大数据产业发展规划的通知［EB/
OL］．［2025-01-26］．https：//www.gov.cn/zhengce/zhengceku/2021-11/30/
content_5655089.htm.

[213] 国务院办公厅．关于印发全国一体化政务大数据体系建设指南的通知
［EB/OL］．［2025-01-26］．https：//www.gov.cn/zhengce/zhengceku/ 2022-
10/28/content_5722322.htm.

[214] 国务院办公厅．关于印发要素市场化配置综合改革试点总体方案的通知
［EB/OL］．［2025-01-26］．https：//www. gov. cn/gongbao/content/2022/
content_5669421.htm.

[215] 国务院．关于加强数字政府建设的指导意见［EB/OL］．［2025-01-26］．
https：//www.gov.cn/gongbao/content/2022/content_5699869.htm.

[216] 中共中央，国务院．关于构建数据基础制度更好发挥数据要素作用的意
见［EB/OL］．［2025-01-26］．https：//www. gov. cn/zhengce/2022-12/19/
content_5732695.htm.

附录

附录1：湖北省各政府平台数据开放子系统的指标统计

样本平台	数据集数量	数据接口数量	数据容量	部门参与性	主题丰富性	格式多样性
武汉市	1 339	1 023	46 558 382	60	19	6
襄阳市	1 862	1 459	2 221 366	38	19	5
宜昌市	604	123	976 919	45	22	6
孝感市	513	513	263 169	8	10	6
黄冈市	90	90	8 100	21	21	1
十堰市	582	582	338 724	15	14	1
荆门市	577	21	10 556	34	23	6
黄石市	17	20	265	24	22	1
咸宁市	20	4	80	4	1	1
恩施州	23	4	27	14	19	5
随州市	467	3	20 548	44	12	6
鄂州市	204	7	34 680	30	20	6
仙桃市	100	2	3 716 200	46	21	6
潜江市	29	0	841	16	11	2
天门市	77	24	1 848	12	10	1

附录2：湖北省各政府平台数据开放子系统的指标功效系数

样本平台	U数据集数量	U数据接口数量	U数据容量	U部门参与性	U主题丰富性	U格式多样性
武汉市	0.716814634	0.701464016	1	1	0.818363636	1
襄阳市	1	1	0.048663146	0.607535714	0.818363636	0.8002
宜昌市	0.318839024	0.085220014	0.021961117	0.732410714	0.954590909	1
孝感市	0.269565854	0.352259082	0.006646223	0.072357143	0.409681818	1
黄冈市	0.040526829	0.0626244	0.001173222	0.304267857	0.909181818	0.001
十堰市	0.306926829	0.399504455	0.008267402	0.197232143	0.591318182	0.001
荆门市	0.304219512	0.015379027	0.00122592	0.536178571	1	1
黄石市	0.001	0.014694311	0.001005107	0.357785714	0.954590909	0.001
咸宁市	0.00262439	0.003738862	0.001001137	0.001	0.001	0.001
恩施州	0.00424878	0.003738862	0.001	0.179392857	0.818363636	0.8002
随州市	0.244658537	0.003054147	0.001440318	0.714571429	0.5005	1
鄂州市	0.102253659	0.005793009	0.001743547	0.464821429	0.863772727	1
仙桃市	0.045941463	0.002369431	0.080737715	0.75025	0.909181818	1
潜江市	0.007497561	0.001	0.001017466	0.215071429	0.455090909	0.2008
天门市	0.033487805	0.017433173	0.001039073	0.143714286	0.409681818	0.001

附录3：湖北省各政府平台数据开放子系统的耦合协调度

样本平台	开放数量要素综合评价指数	开放质量要素综合评价指数	开放子系统的耦合程度	开放子系统的协调程度
武汉市	0.86004317	0.961151617	0.499228853	0.66474382
襄阳市	0.504665015	0.733490544	0.491386983	0.525251308
宜昌市	0.100064942	0.892240273	0.301117927	0.29887457
孝感市	0.155394706	0.5338443	0.417883831	0.322772809
黄冈市	0.026108842	0.306362564	0.269003143	0.160410781
十堰市	0.176863158	0.199158841	0.499120295	0.301724257
荆门市	0.067086442	0.830050772	0.263033362	0.259705906
黄石市	0.004765821	0.335684186	0.117484598	0.101033009
咸宁市	0.002085461	0.001	0.468037849	0.0291548
恩施州	0.002417105	0.576614334	0.064474558	0.096658416
随州市	0.05162922	0.788582807	0.240149972	0.237312524
鄂州市	0.023413664	0.77476845	0.168740239	0.188183347
仙桃市	0.052085434	0.889064686	0.228647217	0.243720174
潜江市	0.00233804	0.260416943	0.093909527	0.078954971
天门市	0.012180869	0.140700932	0.270789512	0.109246258

附录4：湖北省各政府平台数据利用子系统的指标统计

样本平台	浏览量	浏览率	单一样本浏览率	整体样本浏览率	下载量	下载率	单一样本下载率	整体样本下载率
武汉市	962 773	0.383614332	719.0238984	0.114474211	760 214	0.749790414	567.7475728	0.394439014
襄阳市	127 586	0.050836301	68.52094522	0.010909069	38 675	0.038144712	20.77067669	0.014430295
宜昌市	53 351	0.021257564	88.3294702	0.01406274	2 858	0.002818813	4.731788079	0.00328738
孝感市	1 010 304	0.402552932	1969.403509	0.313544395	114 588	0.11301684	223.3684211	0.155183789
黄冈市	0	0	0	0	0	0	0	0
十堰市	58 234	0.023203182	100.0584192	0.015930081	9 305	0.009177416	15.98797251	0.011107542
荆门市	5 558	0.00221457	9.632582322	0.001533582	1 704	0.001680636	2.953206239	0.002051721
黄石市	594	0.0002366749	34.94117647	0.005562908	35	3.45201E-05	2.058823529	0.001430355
咸宁市	5 120	0.00204005	256	0.040757196	2 761	0.002723143	138.05	0.095909359
恩施州	15 809	0.006299054	687.3478261	0.109431133	5 996	0.005913787	260.6956522	0.181116646
随州市	190 261	0.075808988	407.4111349	0.064863029	74 616	0.073592911	159.7773019	0.111004264
鄂州市	5 806	0.002313385	28.46078431	0.004531179	1 036	0.001021795	5.078431373	0.003528208
仙桃市	6 534	0.002603455	65.34	0.010402637	7	6.90402E-06	0.07	4.86321E-05
潜江市	44 937	0.0179050C28	1549.551724	0.246700717	499	0.000492158	17.20689655	0.011954382
天门市	22 875	0.0091144883	297.0779221	0.047297122	1 608	0.001585952	20.88311688	0.014508413

附录 5：湖北省各政府平台数据利用子系统的指标功效系数

样本平台	U浏览量	U浏览率	U单一样本浏览率	U整体样本浏览率	U下载量	U下载率	U单一样本下载率	U整体样本下载率
武汉市	0.953000811	0.953000811	0.3657322	0.3657322	1	1	1	1
襄阳市	0.127158477	0.127158477	0.035757948	0.035757948	0.051822959	0.051822959	0.037547767	0.037547767
宜昌市	0.053754071	0.053754071	0.045806024	0.045806024	0.004755708	0.004755708	0.009325982	0.009325982
孝感市	1	1	1	1	0.15158051	0.15158051	0.394035679	0.394035679
黄冈市	0.001	0.001	0.001	0.001	0.001	0.001	0.001	0.001
十堰市	0.058582437	0.058582437	0.051755653	0.051755653	0.013227735	0.013227735	0.029132193	0.029132193
荆门市	0.006495813	0.006495813	0.005886226	0.005886226	0.003239233	0.003239233	0.006196417	0.006196417
黄石市	0.001587354	0.001587354	0.018724268	0.018724268	0.001045994	0.001045994	0.004622675	0.004622675
咸宁市	0.006062714	0.006062714	0.130858609	0.130858609	0.00462824	0.00462824	0.243910682	0.243910682
恩施州	0.016632118	0.016632118	0.34966419	0.34966419	0.008879366	0.008879366	0.459716107	0.459716107
随州市	0.189132225	0.189132225	0.20766345	0.20766345	0.099053159	0.099053159	0.282141712	0.282141712
鄂州市	0.006741038	0.006741038	0.015437023	0.015437023	0.002361411	0.002361411	0.009935931	0.009935931
仙桃市	0.007460893	0.007460893	0.034144381	0.034144381	0.001009199	0.001009199	0.001123171	0.001123171
潜江市	0.045434213	0.045434213	0.787025904	0.787025904	0.001655738	0.001655738	0.031276994	0.031276994
天门市	0.023619058	0.023619058	0.151695803	0.151695803	0.003113079	0.003113079	0.037745615	0.037745615

附录6：湖北省各政府平台数据利用子系统的耦合协调度

样本平台	浏览行为要素综合评价指数	下载行为要素综合评价指数	数据利用子系统的耦合程度	数据利用子系统的协调程度
武汉市	0.709411167	1	0.49272259	0.657427314
襄阳市	0.089246997	0.046616722	0.474749126	0.175170511
宜昌市	0.050457348	0.006422511	0.316487184	0.089008978
孝感市	1	0.240005173	0.3950816	0.470871811
黄冈市	0.001	0.001	0.5	0.02236068
十堰市	0.055750796	0.019028174	0.435556613	0.122669101
荆门市	0.006242966	0.004317733	0.491621325	0.050226508
黄石市	0.008695472	0.002350428	0.409278505	0.045381728
咸宁市	0.057826059	0.091895793	0.486882788	0.19424706
恩施州	0.154768504	0.173301873	0.499201524	0.287406405
随州市	0.196818681	0.165826508	0.49817074	0.298554941
鄂州市	0.010347994	0.005123878	0.470635423	0.058741616
仙桃市	0.018523778	0.001050765	0.225358341	0.043605703
潜江市	0.353034606	0.012458764	0.181454029	0.168459775
天门市	0.076743247	0.015743745	0.375831739	0.124924

附录7：湖北省各政府平台数据价值子系统的指标统计

样本平台	调用量	调用率	单一样本调用率	整体样本调用率	应用量	应用率	单一样本应用率	整体样本应用率
武汉市	692 271 689	0.999955355	517 006.4892	0.999199894	74	0.804347826	0.055265123	0.111124902
襄阳市	2 638	3.81047E-06	1.416756176	2.73811E-06	0	0	0	0
宜昌市	2 638	3.81047E-06	4.367549669	8.44101E-06	3	0.032608696	0.004966887	0.009987219
孝感市	513	7.41005E-07	1	1.93266E-06	0	0	0	0
黄冈市	0	0	0	0	0	0	0	0
十堰市	9 305	1.34407E-05	15.98797251	3.08994E-05	0	0	0	0
荆门市	1 684	2.43246E-06	2.918544194	5.64057E-06	6	0.065217391	0.010398614	0.020909_17
黄石市	1 048	1.51379E-06	61.64705882	0.000119143	5	0.054347826	0.294117647	0.591400016
咸宁市	660	9.5334E-07	33	6.37779E-05	0	0	0	0
恩施州	4 542	6.56071E-06	197.4782609	0.000381659	3	0.032608696	0.130434783	0.26227305
随州市	0	0	0	0	1	0.010869565	0.002141328	0.004305696
鄂州市	685	9.89452E-07	3.357843137	6.48958E-06	0	0	0	0
仙桃市	209	3.01891E-07	2.09	4.03927E-06	0	0	0	0
潜江市	0	0	0	0	0	0	0	0
天门市	6 986	1.0091E-05	90.72727273	0.000175345	0	0	0	0

附录8：湖北省各政府平台数据价值子系统的指标功效系数

样本平台	U调用量	U调用率	U单一样本调用率	U整体样本调用率	U应用量	U应用率	U单一样本应用率	U整体样本应用率
武汉市	1	1	1	1	1	1	0.188713518	0.188713518
襄阳市	0.001003807	0.001003807	0.001002733	0.001002738	0.001	0.001	0.001	0.001
宜昌市	0.001003807	0.001003807	0.001008439	0.001008439	0.0415	0.0415	0.01787053	0.01787053
孝感市	0.00100074	0.00100074	0.001001932	0.001001932	0.001	0.001	0.001	0.001
黄冈市	0.001	0.001	0.001	0.001	0.001	0.001	0.001	0.001
十堰市	0.001013428	0.001013428	0.001030893	0.001030893	0.001	0.001	0.001	0.001
荆门市	0.00100243	0.00100243	0.001005639	0.001005639	0.082	0.082	0.036319931	0.036319931
黄石市	0.001001512	0.001001512	0.001119119	0.001119119	0.0685	0.0685	1	1
咸宁市	0.001000952	0.001000952	0.001063765	0.001063765	0.001	0.001	0.001	0.001
恩施州	0.001006554	0.001006554	0.001381583	0.001381583	0.0415	0.0415	0.444034783	0.444034783
随州市	0.001	0.001	0.001	0.001	0.0145	0.0145	0.008273233	0.008273233
鄂州市	0.001000989	0.001000989	0.001006488	0.001006488	0.001	0.001	0.001	0.001
仙桃市	0.001000302	0.001000302	0.001004038	0.001004038	0.001	0.001	0.001	0.001
潜江市	0.001	0.001	0.001	0.001	0.001	0.001	0.001	0.001
天门市	0.001010081	0.001010081	0.00117531	0.00117531	0.001	0.001	0.001	0.001

附录9：湖北省各政府平台数据价值子系统的耦合协调度

样本平台	调用价值要素综合评价指数	应用价值要素综合评价指数	价值子系统的耦合程度	价值子系统的协调程度
武汉市	1	0.642211469	0.487988905	0.65338486
襄阳市	0.001003272	0.001	0.499999333	0.02238444
宜昌市	0.001006122	0.031079078	0.174282856	0.044819823
孝感市	0.001001336	0.001	0.499999889	0.022370387
黄冈市	0.001	0.001	0.5	0.02236068
十堰市	0.001022157	0.001	0.499969984	0.022520493
荆门市	0.001004034	0.061854459	0.125370622	0.052863863
黄石市	0.001060292	0.479304351	0.046929665	0.08888767
咸宁市	0.001032346	0.001	0.499936668	0.022593159
恩施州	0.001193994	0.219023392	0.073433575	0.075388104
随州市	0.001	0.01175391	0.268811492	0.03577788
鄂州市	0.001003737	0.001	0.49999913	0.022387811
仙桃市	0.001002169	0.001	0.499999707	0.022376437
潜江市	0.001	0.001	0.5	0.02236068
天门市	0.001092663	0.001	0.499509583	0.023013124

附录10：湖北省各政府平台的系统耦合协调度

样本平台	开放子系统综合贡献度	数据利用子系统综合贡献度	价值子系统综合贡献度	政府开放数据系统耦合度	政府开放数据系统协调度
武汉市	0.885133828	0.877188671	0.874839103	0.333329156	0.540772306
襄阳市	0.561449421	0.064633521	0.001002128	0.05283285	0.078355299
宜昌市	0.296647926	0.025032919	0.011526186	0.132261056	0.092281741
孝感市	0.249309207	0.561201186	0.001000869	0.063990688	0.117062251
黄冈市	0.095655457	0.001	0.001	0.046831715	0.028367096
十堰市	0.182395964	0.034548226	0.001014406	0.085148488	0.0599737
荆门市	0.256420543	0.005131393	0.022290613	0.108649032	0.078757524
黄石市	0.086885166	0.005032029	0.16835871	0.161017898	0.129817587
咸宁市	0.001816097	0.077495928	0.001021031	0.065201034	0.039934913
恩施州	0.144907536	0.16546913	0.077394656	0.316906117	0.191544838
随州市	0.234508602	0.178924705	0.004761912	0.139794824	0.116513139
鄂州市	0.209866788	0.007331742	0.00100243	0.052951506	0.045232777
仙桃市	0.259786775	0.008437484	0.00100141	0.048272253	0.047889659
潜江市	0.066381843	0.156396063	0.001	0.097485757	0.076178398
天门市	0.044073881	0.041523917	0.001060248	0.143930695	0.054640979

索引